スポーツマッサージ

著者　スーザン・フィンドレイ

監修　市川 繁之

翻訳　藤田 真樹子

ガイアブックスは
地球(ガイア)の自然環境を守ると同時に
心と身体の自然を保つべく
"ナチュラルライフ"を提唱していきます。

Sports massage / Susan Findlay.
ISBN-10: 0-7360-8260-3(print)
ISBN-13: 978-0-7360-8260-0(print)

Copyright © 2010 by Susan Findlay

Human Kinetics
Web site: www.HumanKinetics.com

All rights reserved. Except for use in a review, the reproduction or utilization of this work in any form or by any electronic, mechanical, or other means, now known or hereafter invented, including xerography, photocopying, and recording, and in any information storage and retrieval system, is forbidden without the written permission of the publisher.

Notice: Permission to reproduce the following material is granted to instructors and agencies who have purchased Sports Massage: pp.40, 116, 117, 126-128, and 138-139. The reproduction of other parts of this book is expressly forbidden by the above copyright notice. Persons or agencies who have not purchased Sports Massage may not reproduce any material.

Acquisitions Editor: John Dickinson, PhD; Developmental Editor: Amanda S. Ewing; Assistant Editors: Casey A. Gentis and Melissa J. Zavala; Copyeditor: Patsy Fortney; Permission Manager: Dalene Reeder; Graphic Designer: Nancy Rasmus; Graphic Artist: Yvonne Griffith; Cover Designer: Bob Reuther; Photographer(cover): Nigel Farrow; Photographer(interior)] Nigel Farrow: Visual Production Assistant: Joyce Brumfield; Photo Production Manager: Jason Allen; Art Manager: Kelly Hendren; Associate Art Manager: Alan L. Wilborn; Illustrator: Jason M. McAlexander, MFA

監修者序文

マッサージは、歴史的には紀元前から行われ、日本においても古くは千年以上も昔から行われていたという記録が残っている。古代より、手を用いて術を施すということが行われ、人の身体を癒やしていたということでは、最も古い手技療法といっても過言ではない。

しかしながらスポーツマッサージとして一般的に浸透してきたのはここ数十年である。今やスポーツの世界においてマッサージは、身体のコンディショニング、調整において、なくてはならない存在である。私もその昔、スポーツ選手としてスポーツの世界に身を置いた経験があり、直接身体に触れることで肉体的にも精神的にも影響を与え、身体に変化が起こることを体感している。

リラックスのために用いられるマッサージは、試合後のクールダウンや疲労回復などに用いられ、また試合前などは、逆に筋、感覚受容器等を刺激し、ウオーミングアップのためにもなり得る。あるいは、捻挫による炎症、腫れ、浮腫のための老廃物を除去するためのマッサージなどもある。

マッサージは、様々な疾患、状況に応じて、効率よく使うことが可能な手技療法である。そのためにもセラピストは、マッサージの効用を理解し、有用な評価、そして患者にとって適切な治療を施すことが大切である。

本書は、マッサージの基礎的な考え方や評価、多くのテクニック、そして臨床応用についても紹介している。スポーツ選手にマッサージをする際の留意点なども各セッションごとに紹介され、スポーツ現場に働くトレーナーや医療に携わる理学療法士、作業療法士などにとても参考になると思われる。

ヒューマンコンディショニング PNFセンター 代表

理学療法士 市川 繁之

まえがき

　本書の執筆を依頼されたとき、私は業界におけるスポーツマッサージの定義付けという困難な仕事に向き合っていた。スポーツマッサージは、私たちの用いるテクニックやその使用方法によって定義されるのか、あるいは、単に我々が施術する患者によって定義されるのか。国によっても個人間でも異なるため、答えは明白ではない。

　マッサージは、古代文明に端を発する。最も簡単な形でいえば、人々は痛みを和らげるために本能的に損傷部位を擦ったり保持したりする。マッサージは多くの形態へと発展したが、原型の要素がすべての種類に表れている。今日一般に認められている定義は、「スポーツマッサージ」という名前そのものから起こり、競技を最大限に行えるために様々な軟部組織に適用するテクニックである。これは一部では事実だが、我々が結果を得る方法には軟部組織リリースやマッスルエナジーテクニックなどの治療技術が含まれることが多い。さらに、スポーツマッサージに用いられるものと同じテクニックはアスリートに独占的なものではなく、むしろ、スポーツをしていない人や身体活動に一時的に関係するだけの人にも適用できることもまぎれもない事実である。これが、スポーツマッサージの定義が幅広いことの理由である。

　マッサージに関してエビデンスに基づく調査が不足していることについては多様な意見があるが、いずれにせよマッサージは全人的な効果をもたらす。セラピスト、患者、トレーニング、スタイル、テクニック等、検討する変数は多く存在するため、調査を実施する際にデータを定量化することは難しいと考えられる。数年の経験において、私はマッサージ療法がいかに効果をもたらすかをこの目で確かめており、私が仕事を続ける必要があったということが何よりの証拠である。

　本書は、スポーツまたはその他の場面において綿密なマッサージセッションを実施する上で不可欠なツールをマッサージセラピストに提供する。パートⅠでは、始める方法や始める前に検討しなければならないことについて取り上げる。マッサージを使用すべきおよび使用すべきでない場合、並びに、徒手療法によって得られる効果について説明し、病状のクイックリファレンスはキャリアを通じて役立つ項である。パートⅡとパートⅢは、テクニックの適用に焦点を当て、数種類の肢位で示すことにより、独自のスタイルの確立に役立つ。パートⅣは、問診から始め、視覚的評価へと移り、運動および筋力テストを最後に遂行するまでの、様々なツールを用いた評価プロセスを紹介する。チャートおよび質問票は、独自の診察形態をデザインするのに役立ててもよいし、そのまま用いてもよい。最終章は、市民競技か一流競技かを問わず、スポーツイベントの企画について扱う。

　「臨床上の留意点」と「助言」を各章に掲載する。「臨床上の留意点」は経験的な情報に焦点を置き、実践的なアドバイスを提供する。「助言」は、覚えなければならない重要なポイントを示すか、

あるいは、参照しやすいよう大きな項目を要約する。どちらも、学習を強化するため、適宜参照できる。

　本書は、効率よく施術し、容易に高い感受性でテクニックを適用できることに重点を置く。このアプローチによって、仕事がしやすくなり、セラピストとして永く関わることが可能となり、触手感覚の質も向上する。正しくない姿勢や運動の結果セラピストに起こることの多い一般的な損傷に対処し、正すことができる。また、より効果的かつコントロールされた方法で専門のテクニックを適用することもできる。

　スポーツマッサージセラピストとしてのトレーニングはやめるべきではなく、むしろ、治療テクニックを補正したり高度なテクニックを加えることにより発展させるべきである。確固たる基礎があってこそ、あらゆる分野で成功を収めることができるのである。

Contents

監修者序文　iii
まえがき　iv

パートI　スポーツマッサージを始めるにあたって

第1章 スポーツマッサージの概要 2

スポーツマッサージとは何か　2　／誰が施術を受けられるか　3　／スポーツマッサージはどのように作用するのか　3　／スポーツマッサージはどこで行えるか　4　／スポーツマッサージはいつ行うべきか　4　／スポーツマッサージの効用　5　／終わりに　6　／問題　6

第2章 スポーツマッサージの禁忌 7

禁忌　7　／病理学　9　／終わりに　17　／問題　18

第3章 スポーツマッサージの準備 19

施術場所　19　／必要な設備　20　／衛生管理　23　／患者の肢位　24　／安全性　31　／終わりに　31　／問題　32

パートII　スポーツマッサージのテクニック

第4章 身体力学 34

マッサージ台の高さ　34　／施術の姿勢　35　／実施の原則　37　／終わりに　41　／問題　41

第5章 マッサージのテクニック 42

マッサージ・ストロークの構成要素　42　／エフルラージュ(軽擦法)　47　／ペトリサージュ(揉捏法)　48　／圧迫法　50　／深部ストローク　51　／バイブレーション(振戦法)　56　／タポートメント(叩打法)　59　／フリクション(強擦法)　61　／終わりに　65　／問題　65

パート III　スポーツマッサージの実施

第6章　腹臥位でのスポーツマッサージ 67
頸部　69　／肩部　70　／体幹　74　／骨盤部　76　／下腿部　78　／大腿部　81　／足部　82　／座位　83　／問題　85

第7章　背臥位でのスポーツマッサージ 86
頸部　87　／胸部　89　／肩と腕　90　／体幹と腹筋　92　／骨盤部　95　／大腿部　96　／下腿部　99　／足部　100　／問題　101

第8章　側臥位でのスポーツマッサージ 102
頸部　103　／肩と腕　105　／体幹　107　／骨盤部　109　／大腿部　110　／問題　112

パート IV　スポーツマッサージのプログラムおよび管理

第9章　患者の評価 114
主観的評価　114　／客観的評価　119　／分析的段階　136　／終わりに　140　／問題　140

第10章　イベント時のマッサージ 141
イベント前のマッサージ　141　／イベント中のマッサージ　143　／イベント後のマッサージ　145　／一流スポーツチームでの施術　146　／イベントの企画　148　／終わりに　150　／問題　150

第11章　特殊な条件をもつアスリート 151
脊髄損傷　152　／四肢欠損　154　／脳性麻痺　154　／視覚障害　155　／患者との意思疎通　155　／終わりに　155　／問題　156

問題の解答　157

パートI

スポーツマッサージを始めるにあたって

第1章から3章まで、スポーツマッサージセラピストとして始めるべきことについて関連する情報を提供する。第1章と第2章では、基礎的テクニック、それらのテクニックをセッションにおいて適切に用いる方法、そして、それらに関連する効果と禁忌について扱う。第2章には、安全で効果的なセラピストとしての能力を向上させる上でさらに役立つ、一般的な病状に関する項目を含む。読者は本項を用いて、より総合的に施術し、身体の現在の健康状態を調整するために必要なマッサージの修正を決定することが可能になる。

病理学の項は、全身または軟部組織の様々な状態がすぐに分かる簡単な手引きになっており、有効かつ安全な軟部組織治療を施すために必要なマッサージの修正を詳説する。第2章は、必要に応じていつでも参照するとよい。第3章は、施術したい場所や準備に必要な実用的な情報の決定に役立つ。

各章の最後には取り上げた内容を強化する「問題」を掲載しており、重要なポイントを整理するのに役立つ。

スポーツマッサージの概要

スポーツマッサージの世界へようこそ。スポーツマッサージについてまったく知らなかった人や正式なトレーニングを受けたことがない人、あるいは、スポーツマッサージについてスキルや知識を向上したいという人も、ここがスタート地点である。どの実践段階にいるかに関わらず、スポーツマッサージを始める方法や向上する方法に関するヒントが本書にはちりばめられている。本章ではまず、スポーツマッサージがどのように作用するのか、いつ、どこで用いるのか、患者への適用範囲に関する基礎的知識を取り上げる。

スポーツマッサージとは何か

スポーツマッサージは、スポーツの場面において適用される、軟部組織に深くまで作用するマッサージである。様々なテクニックで構成され、エフルラージュ、ペトリサージュ、タポートメント、バイブレーション、圧迫法、ディープストローク、フリクションが含まれる。さらに最新のテクニックは、軟部組織リリース、神経筋テクニック、筋筋膜リリース、マッスルエネルギーテクニック、ポジショナルリリース、結合組織マニピュレーション、その他と幅広く存在する。

スポーツマッサージの主な焦点は、アスリートの運動能力が頂点に達するのを助け、損傷を防ぎ、損傷の治癒を支えることである。スポーツマッサージセラピストとして、適切な幅広い評価およびそのプロセスを実施し、一般的にみられるスポーツ損傷を認識できる能力が求められる。また、現実的で達成可能な目標を設定し、総合的な治療計画を作成および実行できなければならない。

誰が施術を受けられるか

スポーツマッサージは、アスリートに限定されるものではない。年齢、健康レベルや性別に関係なく、治療や軟部組織の作用が必要な人なら誰でも適用できる。スポーツマッサージの治療的側面は、リハビリテーション療法における理学療法、オステオパシー、カイロプラクティックに近いものとして、損傷後の場面として、あるいは、オフィス環境内における健康促進として有用である。その名前から、スポーツを行

うアスリートだけのものに思われがちだが、すべての人が対象となる。

スポーツの面において、専門家はスポーツマッサージを不定期のマッサージセッションではなく、日常的なトレーニングプログラムの一部として用いるよう薦めている。日常的なマッサージは累積的な効果があるため、運動遂行を中断する一時的なマッサージよりも、運動遂行能力の強化に効果的である。マッサージは初めてというアスリートは、イベントの直前に初めてのスポーツマッサージセッションを受けるべきではない。まずはイベント後の日常的なセッションから始めるのが望ましい。

スポーツマッサージはどのように作用するのか

これまでのところ、マッサージがなぜどのように作用するのかを調査により定量化することはできていない。健康業界や医療分野でも広く適用されているものの、エビデンスに基づく調査によって仕組みや効果に関する満足な答えは得られていない。

実施されている研究の結果は混乱しており、矛盾しているかよくても多義的である。より質が高く、方法論的に有効な研究が実施されるまでは、アスリートの反応を評価することがマッサージの効果を決定する最適な方法である。

スポーツマッサージは、機械的にも反射的にも作用する。機械的には、マッサージは圧と動きによって皮膚、筋膜、筋および結合組織に作用する。軟部組織を柔軟にする、延長する、または、伸張することにより、軟部組織構造内の可動域を広げ、運動の柔軟性と運動のしやすさを高める。このプロセスは、動員される筋線維数を増やすことが可能で、それによりアスリートの筋力を経時的に高めることができる。反射的には、マッサージが直接的にまたは間接的に神経系に影響を及ぼす。マッサージで反射を促すことにより、幸福感を作り出すエンドルフィン、天然の体内鎮痛剤および気分高揚剤を増加させる。このように、マッサージは心理学的効果を及ぼすことで、アスリートに競争力をもたらす。

マッサージの効果は生理学的にも心理学的にも評価できる。現在信じられていることの一部はエビデンスにより支持されているが、実施されていることをすべて実証するために十分な研究は行われていない。セラピストとして、我々はマッサージの効果を断固として信じている。この確信はこれまでの臨床経験、客観的な報告、そして、科学的調査ではなく証拠による結果である。マッサージが全身に及ぼす以下のいくつかの効果が一般的に受け入れられている。

- **筋系**：スポーツマッサージは、軟部組織の張力をリリースし、硬直を緩和し、筋痙攣を軽減し、制限を取り除き、瘢痕組織を軟化および再統合し、癒着をほぐし、最適な機能の回復を助ける。
- **骨系**：軟部組織の張力と制限を取り除くことによって、必要な筋機能のバランスを再構築し、可動性と柔軟性を高めることで、関節への負荷を軽減する。
- **心血管系**：スポーツマッサージは、血流を増やすことによって組織により多くの酸素と栄養分を送り、老廃物を排出させることで、効率的なシステムへと導く。
- **神経系**：マッサージは、用いるテクニックによって様々な感覚受容器を刺激し、神経を刺激することも鎮静化することも可能である。また、エンドルフィン放出の結果、痛みを和らげることもできる。

- **リンパ系**：大まかに言えば、マッサージは組織内の体液の流動を促して毒素を排出させることで免疫システムを助ける。また、白血球数を増加させて身体の防御機能を高めるとも言われている。
- **消化器系**：スポーツマッサージは、副交感神経系を刺激することで消化器の蠕動運動を高め、便秘、疝痛および放屁を軽減する。
- **泌尿器系**：マッサージは、循環を高め、副交感神経系を刺激することにより、排出を改善する。

スポーツマッサージはどこで行えるか

　スポーツマッサージは、特定の場所や機器を必要としない。手とスキルさえあれば効果的なマッサージを施すことができる。スポーツのイベントでは、イベント前、イベント中、イベント後にマッサージを行うことができる。スポーツのパフォーマンス能力や回復におけるスポーツマッサージの効果をアスリートにもそうでない人にも知ってもらうため、公共の場でマッサージを実践してもよい。総合医療センターや健康ケア施設など、より公式な場所でスポーツマッサージを提供してもよい。

　多くのスポーツマッサージセラピストは、自宅の所定の部屋で施術するか、または、移動サービスを実施している。その他、オフィスなどに出張サービスをしているスポーツマッサージは、床でも、運動場の端でも、居間の椅子でも、ほぼどこでも実施できる。多様なテクニックが使用できるため、潤滑油を使っても使わなくても、皮膚の上から直接でも服の上からでも、施術できる。スポーツマッサージは多種多様であり、様々な状況における様々なニーズに対処できる。

スポーツマッサージはいつ行うべきか

　基本的に、スポーツマッサージはイベントの前、途中、後で、および、良質なトレーニングプログラム（メンテナンスマッサージ）の一環として用いられる。時間は短くて5分、長いと1時間半に及ぶ（これ以上長くマッサージを続けると、身体が疲弊して目的が損なわれる恐れがある）。より治療的なトレーニングを加えることで、スポーツマッサージをリハビリテーションプログラムにおいて用いることができる。理学療法の一環としてまたはスポーツマッサージそのものとして、病院やクリニックなど様々な場所で用いられる。

　イベント前やイベント中にスポーツマッサージを実施するときは注意が必要である。適切なスキルと患者に関する十分な知識がなければ、深部への施術または特定の施術ではなく、メンテナンスマッサージを行うのがベストである。

　イベント後のマッサージは概して、組織をイベント前の状態に戻すために用いられる。それはリンパ系に作用して組織を正常化する。イベント後の施術は、損傷を評価して完全回復に必要な措置を取る機会にもなる。イベント後のマッサージは概して、メンテナンスセッションよりも優しく短時間で行う。マッサージの程度はイベントの種類によって異なる。例えば、マラソン後は組織が疲労しエネルギーが欠乏しているため、強力な長時間のマッサージには耐えられない。イベント時の施術について詳しくは第10章で述べる。

　イベント時の施術の他、スポーツマッサージはあらゆる人に有効にも無効にもなりうる。スポーツとい

う語が付いているが、この形式のマッサージは、施術の可能性を十分に理解でき、軟部組織への施術に興味がある人であれば誰にでも適している。

> ### 臨床上の留意点
>
> 多くの人は、スポーツマッサージのセラピストだと知ると、やたら自分の軟部組織の問題について話したがる。そのような人々に対しては、スポーツマッサージがどのようなものであるか、スポーツマッサージでできることとできないことについて、患者に理解してもらう機会を持つ。服の上からマッサージを施してみて、テクニックに対してどのように感じるかを実感してもらってもよい。責任を持ち、禁忌を考慮し、どのような症状に対しても完全な評価を実施してから行えば、あなたの手は宣伝にも教育にも十分な効果を果たす。完全な評価と病歴を考慮せずにアドバイスを与えないように注意する。

スポーツマッサージの効用

　スポーツマッサージが実世界とどのように関わっているのか、というのは大きな疑問である。マッサージがアスリートの運動パフォーマンス能力や日常活動にどのように作用しうるのだろうか。筋の張力がスポーツ活動や仕事のいずれによるものであれ、マッサージを用いて効果的に対処することができる。このことやマッサージの効用について、患者がマッサージを生活に不可欠なものとして取り入れることの必要性をどのように説明すればよいのか。

　状況：水泳選手があなたを訪れ、助けてもらえないかと尋ねた。彼の肩はとても筋緊張があり、腰部に違和感を覚え始めている。彼はまた、自分の行っているトレーニングが、時間と努力を費やす割に期待する成果が得られる方法ではないと考えている。その結果伸び悩み、落胆している。あなたは、このように回答することができる。

　「経過が良くないのは、軟部組織の原因が考えられ、1つの可能性は、必ずしも筋を効果的に用いていないことが挙げられます。スポーツマッサージは、ただ心地よくさせる要素を備えるためだけのものではなく、最適な運動パフォーマンス能力を維持し損傷を予防するための方法にも対処します。スポーツにおける要求に備えて筋が最適に働くのを助ける様々なテクニックを用いることで、これを実践します。お話を伺ったところ、筋の不均衡が起こっているものと思われます。これについて調べ、あなたが一部の筋に強い負荷をかけその他の筋は十分に作用させていないかどうか、判断します。

　マッサージは、触覚を用いてあなたの認識力を高めます。筋の痛み、張力および筋力低下がどの部位にみられるかが分かります。その結果は、筋がどのように働いているのか、トレーニングをどのように調整する必要があるのかを理解する手助けとなります。

　例えば、僧帽筋上部などの筋が過剰に発達し、非常に短縮して引き締まっている場合、肩の関節可動域が減少します。これが他の筋に波及効果を及ぼし、他の構造を抑制して運動を補助および支持する能力を低減させます。

筋構造の最大能力が用いられないため、ストロークに使用できる力が損なわれます。マッサージは、線維を長く維持し、組織内の可動的で強力な張力を促し、よりバランスの取れた機能的な運動をもたらす助けとなります。

マッサージは、組織をより可動的にし、硬くならないようにすることで、栄養交換と老廃物の排出を促し、組織を健康に維持します。トレーニングにスポーツマッサージを取り入れることで、運動パフォーマンス能力が向上し、損傷を防ぐことができます。心血管系、筋力および柔軟性トレーニングと並行してマッサージを用いることをお勧めします。」

スポーツマッサージの効用

- 柔軟性と可動域を高める
- 筋出力の増強
- 運動パフォーマンス能力の向上
- 自己認識力の向上
- トレーニングの微調整
- 機能的な筋均衡
- 体液流動を改善
- 疼痛の減少
- 適切な心理学的刺激（覚醒、明瞭性、リラクゼーションなど）
- エネルギーの増加
- 回復力の向上
- 損傷の予防

終わりに

スポーツマッサージは、アスリートであるか否かに関わらず、治療してニーズを満たすものである。軟部組織の症状を有する人、全身の健康を改善したい人は誰でもスポーツマッサージの効用を得ることができる。スポーツマッサージセラピストとして、提供することは色々あるが、施術とは患者のニーズの充足にあることを忘れてはならない。他の治療法と並行して行う必要がある場合は、他の可能性も検討することが重要である。その症状がスポーツマッサージの範疇であるのか、理解の範囲内であるかを必ず検討する。そうでない場合は、他の診断を仰ぐか紹介することが望ましい。

問 題 （解答p.157）

1. 誰がスポーツマッサージによる治療を受けられるか？
2. マッサージは筋系にどのように作用するのか？
3. スポーツマッサージはいつ実施できるか？
4. スポーツマッサージの主な焦点は何か？
5. スポーツマッサージセラピストとして必要なスキルは何か？

スポーツマッサージの禁忌

　本章では、スポーツマッサージの一般的禁忌と部分的禁忌の違い、および、マッサージを制限するというよりも修正して適用する必要がある状況について述べる。このトピックをよりよく理解できるよう、臨床で遭遇する一般的な症状および病理学的変化に合わせてマッサージを修正する実践的な方法について病理学の項で詳しく説明する。

禁忌

　禁忌は英語で"contraindication"といい、この語を分割するとその意味が分かる。"contra"は「反対の」を意味し、"indication"は「実施できること」を意味する（適応）。従って、禁忌とは続けるべきでない状況である。禁忌は必ずしも絶対ではない。一般的禁忌が参照されるある状況では、あらゆる形態のマッサージの適用が回避される。部分的禁忌の場合、特定の部位では避ける必要があるが、その他の部位にはマッサージを適用できる。最後に、状況によっては、軟部組織の心理学的変化に適応させるためにテクニックを変化させたり修正したりする必要がある。疾患の経過や症状の結果必要となる調整は、修正に分類される。

臨床上の留意点

セラピストとして生きる上で、あなたに知恵を授け、あなたの信頼構築の助けになる良き師を持つことは重要である。私の生徒が患者を連れて私を訪れ、助言と患者の評価を私に求めることが何度もある。そのようなとき、たいていは治療を施すが、より大切なこととして、私の気づいたことを説明し、どのように引き受け治療するかについて提案することに時間を費やしている。初めて自分で施術するときはひるんでしまうことがある。まずは不安な気持ちを追い払い、確証を得たいときには助言を求めることが重要である。

一般的な禁忌

　一般的禁忌は、全身的にマッサージの適用を避ける症状である。以下のキーワードはこのカテゴリーのすべての症状を記憶するのに役立つ。「重度の」、「急性」、「接触伝染性」、「コントロール不良の」、「診療未確定の」。すべてが網羅されるわけではないが、他の医療専門家の紹介、応急処置の実施、状況が変わるまでの観察などといった代わりの措置が必か否かを決定するのに役立つ。以下は一般的禁忌となる最も一般的な症状の一覧である。

アルコールおよび娯楽薬の摂取、グラス1杯のワインも含む	腹膜炎
アテローム性動脈硬化症	静脈炎
動脈硬化症	最近受けた外科手術
急性低体温症または異常高熱	重度の血友病
急性損傷（応急処置が必要）	重度の浮腫
インフルエンザや感冒などの	重度のスポーツ損傷
接触伝染性疾患	重度の疼痛
コンパートメント症候群	ショック
深遠静脈血栓症	強い薬物
心疾患	腫瘍
予防接種（24時間待機）	コントロール不良の高血圧症
	診断未確定の腫瘤

部分的禁忌

　一般的禁忌と異なり、部分的禁忌の場合、疾患部位から離れた部位であればマッサージを続行できる。施術が治癒プロセスに悪影響を及ぼすことがあってはならない。例えば、患者が腓骨骨折を有する場合、患者の肢位やテクニックの選択、骨癒合プロセスに影響を及ぼさないマッサージ部位について検討する必要がある。以下は、部分的禁忌となる最も一般的な症状の一覧である。

打ち身	ヘルニア	金属の釘・板の使用
挫傷	開放性外傷	骨化性筋炎
皮膚炎	放射線	ペースメーカーの使用
毛嚢炎	重度の静脈瘤	腫瘍
骨折	日焼け	診断未確定の皮膚疾患
真菌感染	黒色腫	疣贅

修正

　修正は、開始前に認識し理解することが必要である。患者が基礎疾患を有するとき、治療のアプローチをどのように変えるかを決定する必要がある。

　安全で効果的な治療を施すため、セッションを開始する前に処置の計画を検討する必要がある。セッ

ション中の適切な時点で、以下の一部またはすべての修正を検討する必要がある。テクニックの選択、特別なまたは一般的な施術をするべきか否か、浅層かあるいは深層部を施術すべきか否か、運動の方向と速度、マッサージの時間、組織治癒の段階、患者の肢位。

　足底筋膜炎（足部の裏側の筋膜に炎症が起こる）を理由に来院したが、基礎疾患として糖尿病を有する患者について考える。二次症状の治療のアプローチ方法を決定する前に、糖尿病の性質についてまず理解することが必要である。糖尿病の合併症の1つとして、患者は足の感覚低下を及ぼす末梢神経障害を有する可能性がある。これを知らなければ、マッサージをあまりに強く施してしまい、足底筋膜炎の治癒を促すどころか知らずのうちに更なるダメージを組織に及ぼすかもしれない。このような状況においては、フリクション（強擦法）などの深部テクニックは避けなければならない。浅層の軟部組織リリーステクニックとふくらはぎをさらに上へと伸ばすストレッチングテクニックを併用することが、足の裏の張力をリリースするために安全な方法となる。

　疾患や異常な軟部組織症状を施術する場合はいつでも、適切に修正して安全かつ効果的なマッサージを実施するために症状について理解することが不可欠である。治療を開始する前に、医療専門家への相談や書面による医師の許可が必要であるか否かを必ず検討する。以下は、マッサージの修正を要する症状の例である。

喘息	有痛性肩拘縮症	骨粗鬆症
癌	小手術	リウマチ性関節炎
糖尿病	骨関節炎	むち打ち症

次項（病理学）で、これらの症状について詳しく述べる。

ヒント　患者の有する症状について把握しきれていない場合、セラピストと患者の双方に安全な方法でマッサージを実施するために必要な知識が得られるまで、禁忌として治療を行うこと。

病理学

　疾患と軟部組織症状の病理学的作用を理解することは、適切な治療を計画する上で必須である。セラピストとして様々な健康問題に直面し、その都度、最も安全で効果的な方法を選択するためのカギは、その症状に対する理解である。「修正」の項で説明したように、患者のニーズに対処できるためのいくつかの基本的なルールと検討事項がある。これらには、テクニックの選択、適用の深さ、動かす方向、マッサージの時間、組織の治癒段階、患者の肢位が含まれる。

　本書はそれぞれの症状を詳しく説明することを意図するものではなく、それぞれの症状の初歩的な説明とマッサージの役割についてのいくつかの指針を示すことを意図している。さらなる参考のため、病理学に関する良書として、『A Massage Therapist's Guide to Pathology, Fourth Edition』（Ruth Werner）または『Clinical Massage Therapy』（Fiona Rattray & Linda Ludwig）をお勧めする。

足白癬　水虫とも呼ばれる足白癬は、組織中の角質を分解する酵素を放出する結果組織が裂け、外観が白く薄片状になる真菌感染である。この症状は、暗く湿った条件を好む。適切な注意を払っても、真菌感染は非常に接触感染しやすいため、感染部位は避けてマッサージを行う。リスクを最小限にとどめるため、マッサージの間ソックスを着用するよう患者にお願いする。用いたシーツは必ず交換して破棄し、希釈したティーツリー油などで台を殺菌すること。

オスグッド・シュラッター病　オスグッド・シュラッター病は、蹴る、走る、飛ぶ、回転する、ひねるなどの動作が関係するスポーツをする若者にもっとも多くみられる。大腿四頭筋腱の停止部が脛骨粗面上でストレスを受ける結果、腫脹や炎症、場合によっては大きい隆起が生じる。思春期成長期、および場合により肥満に関連する有痛性症状である。治療としては、激しいスポーツ活動の軽減、寒冷療法の適用および安静が挙げられる。マッサージは大腿四頭筋停止部である脛骨粗面では部分的に禁忌だが、成長期ゆえに起こりうる筋の不均衡に対処し、過度に負荷がかかる部位の負荷を軽減することができる。

滑液包炎　滑液包は、液で満たされた袋状の部位で、腱が骨の角を交叉する部位のクッションまたは骨構造のパッドの役目を果たす。英語で滑液包炎を表す"bursitis"は、滑液包を意味する"bursa"に炎症を表す接尾辞"itis"が付いたもので、他動運動と自動運動の両方によって痛みを及ぼす滑液包の炎症を意味する。炎症部位を直接マッサージすることは禁忌であり、部位周辺の筋をほぐすタイミングとしては適切でない。滑液包炎は伝染性の病原体を持つわけではないが、炎症が治まるまで治療は控える。熟練したセラピストが亜急性期にこの部位を施術するのはよい。施術によって、滑液包に関係する骨を減圧し、交差する筋を柔らかくする。

癌　癌はごく一般的な疾患であり、正常な細胞が突然変異し、悪性細胞が制御不能な増殖を起こすときに発症する。癌の種類と位置により、各種の癌に特有のマッサージに関する懸念事項がある。癌にマッサージは禁忌ではない。今日マッサージが癌の回復や治療にプラスとなる役割を果たすと考える人は多い。治療は癌の種類やステージ、治療目的、用いられる療法の種類（放射線療法、化学療法、ホルモン療法、外科手術など）、患者の年齢および現時点の健康状態によって異なる。患者の治療チームと相談し、最も適したマッサージ治療の方法を選択することが重要である。

筋クランプ　筋クランプは激痛を伴う筋の痙攣で、運動後に起こることが多い。骨格筋への酸素供給量の減少（虚血）、カルシウムおよびマグネシウムの低下、損傷後の副子固定によって起こる。収縮した筋腹をマッサージすることは禁忌だが、筋全体をストレッチすることによって症状を緩和するかまたは拮抗筋を作用させて防御機構を解除することが効果的である。

筋挫傷　筋挫傷は、筋または腱に影響を及ぼす損傷である。他動ストレッチまたは抵抗運動による収縮は、損傷組織に痛みを及ぼす。筋挫傷はグレード1（軽度）、2（中等度）、3（重度）に分類される。治療は損傷の段階と重症度によって決定される。急性期における筋挫傷の治療は、腫脹および疼痛の徴候と症状を軽減することに重点を置く。亜急性期には、組織を正常化させ筋挫傷の原因（姿勢不良、慢性的な過用、過去の損傷）に対処することを目的とする。筋挫傷のグレードが大きいほど、回復に時間がかかり、医師の診察にかかる必要性は高くなる。急性期において、損傷部位の上部のエリアの循環を促すためにマッサージを適用できる。亜急性には、損傷部位とその周辺にマッサージを適用してよい。亜急性期の早期は、フラッシングテクニックに重点を置く。組織が治癒したら、循環促進とともに組織を再構成する深部のテクニックが適している。

血腫　血腫は内出血により血液がたまったものである。あざのように見えるか、または、嚢状の構造を形成する。嚢を形成し体内に再吸収されない血腫は、手術で取り除くことができる。血腫はマッサージの部分的禁忌である。

血友病　血友病は、血液凝固に障害を有する遺伝性疾患である。症状の重症度によって、用いるマッサージテクニックと施術の強さが決まる。大半の部位で、強い施術（フリクションなど）は禁忌である。医師の承諾を得てから治療に入り、慎重な方法で始めることが望ましい（優しいテクニックを用いて短いセッションから始める、肩などの強い部位から始める、など）。

腱炎　腱炎は、腱に痛みと硬直、急性期には熱や腫脹も呈する場合がある、遅発性の炎症性症状である。抵抗性運動による疼痛から、筋-腱結合部の損傷が確かめられる。急性期には、損傷部位を直接マッサージしないこと。だが、損傷部位へのストレスを軽減するために、損傷部位から組織を伸張させることができる。亜急性期には、瘢痕組織の回復、癒着の減少、可動域の再構成にマッサージが効果的である。患者が最近、この部位にステロイド注射を受けた場合、その部位のマッサージは避ける。それにより薬剤が分散する。

腱膜瘤　腱膜瘤は、母趾の中足趾節関節に表れる。過剰に高い足底アーチ、小さすぎて先の尖った靴、または、リウマチ性関節炎や歩行障害などに起因するアライメント不良によって起こる。腱膜瘤は、炎症の兆候を有する大きな腫れ物のように見える。さらに、母趾が変形し、中節骨に食い込んでいるように見える場合がある。腱膜瘤に炎症がみられるときに直接マッサージすることは禁忌である。マッサージによって腱膜瘤は小さくならない。関節の痛みを避けるため、または、筋のアンバランスに対処するための代償作用に使われる筋をマッサージする方がよい。腱膜瘤を有する患者は、サポート機能のある靴を履いたり、生体力学の専門家や足専門医を受診したりすることも必要である。

高体温症　夏季に開催されるイベントに関わる場合、様々な様態の高体温症に遭遇する。視床下部が体温を効率的に制御できなくなった結果、深部体温が上昇して起こる。熱関連症状には、熱痙攣、熱疲労、熱中症の3つの段階があり、後者になるほど重篤である。高体温症の患者は医師の診察を受けさせ、涼しい環境へ移し、水を含ませる。マッサージは禁忌である。

五十肩　癒着性関節包炎などとも呼ばれる五十肩は痛みを伴い肩関節の外転および外旋に影響を受ける場合の多い、身体の制限症状である。マッサージ以外の治療としては、理学療法、投薬治療、手術、鍼治療、オステオパシー、関節モビライゼーションおよびエクササイズが挙げられる。治療マッサージの目的は、3期に分けられる。急性期は疼痛を軽減し、可動域を維持することを目的とし、この時期に激しいストレッチは禁忌である。マッサージは通常、神経筋療法（NMT）などの反射テクニックの使用に重点を置く。亜急性期は癒着の減少（フリクションは用いない）と可動域の増大に重点を置く。これは、ペトリサージュなどの基本的なマッサージテクニックや、STR、METおよび優しいストレッチなどを適用することで施術できる。慢性期には完全な可動域の回復、肩甲骨の安定性、可動域終端部までのストレッチ、肩甲上腕関節の積極的なモビライゼーションおよび運動の再学習を行う。

骨化性筋炎　通常、骨化性筋炎は組織への損傷後に起こる。出血した損傷部位が凝固し、石灰化して、硬い骨になる。正常な場合、石灰化が起こったときは身体がカルシウムの堆積を認識して体内に再吸収する。部位がまだ石灰化していない場合はマッサージを施術してよいが、部位の外側にフリクションなどのテクニックを用い、過剰な施術は行わないこと。部位が石灰化した後は、マッサージは部分的禁忌である。

骨関節炎　骨関節炎は、関節軟骨と軟骨下骨に影響を及ぼし、関節構造が刺激され炎症を起こす、荷重関節で多くみられる慢性症状である。この種類の関節炎は、急性症状として現れることは通常なく、マッサージへの反応が良好な慢性症状として呈する。治療は、関節腔を増大させて痛みを軽減し、優しいストレッチによって可動域を広げ、症状に関わった軟部組織構造をマッサージすることを目的とする。

骨折　骨折は骨の損傷である。損傷部位のマッサージは、骨折直後から8週間ほど禁忌とされるが、骨の癒合に差し障りがなければその他の部位への施術は効果的である。まず、運動と身体配置の変化による代償パターンの結果ストレスにさらされた筋骨格部位の処置が必要である。骨の治癒を待ってから、瘢痕組織の再形成を促すテクニックが軟部組織に有効となる。固有受容感覚の促通と再構築および損傷部位の筋緊張に重点を置く。骨密度を高めるには、バイブレーションテクニックが有用である。

骨粗鬆症　構造強度を徐々に弱める骨密度の低下が、骨粗鬆症の定義である。通常は、ビタミンDによるカルシウム吸収の不足、および、内分泌のアンバランスによって起こる。重度の骨粗鬆症は禁忌だが、骨折のエビデンスがなければ、いくつかの方法によるマッサージにより効果が得られる。軽いバイブレーションや、タポートメントのカッピングなどの特定のテクニックによって、疼痛の緩和を促すだけでなく、骨密度を高める。骨に直接強い圧をかけることや、激しい施術は避ける。

膝蓋大腿部痛症候群および膝蓋腱炎　膝蓋大腿部痛症候群は、膝蓋骨の裏側の関節軟骨に退行性変化を及ぼす、膝のトラッキング機能障害である。（これは、骨関節炎の前兆である。）マッサージは、関節の筋-腱要素の硬直に対処できる。部位に炎症が認められる場合は、部分的禁忌である。膝蓋腱炎は、膝蓋大腿部痛症候群と同じ部位に起こり、疼痛症状も同じため、混同しやすい。膝蓋腱炎であるか否かを判断する1つの方法は、階段を上るときに痛みを感じるか否かを尋ねることである。膝蓋大腿部痛症候群は階段を下りるときに痛みを生じる。膝蓋腱炎は脚の伸展から起こり、関節の外側に影響を及ぼすのに対し、膝蓋大腿部痛症候群は大腿骨の重みで膝蓋骨を押し、関節の内側に影響を及ぼす。膝蓋腱炎の方がマッサージの効果が高く、軟部組織への施術に極めて良好な反応を示す。どちらの症状も筋のバランスを整えることによって効果がある。

手根管症候群　手根管症候群（CTS）は、正中神経が手首の手根管を通るときに圧迫される、正中神経の絞扼症状である。手のしびれ感およびチクチク感を引き起こし、通常は毎日数時間の反復運動を行う人に起こる。一部の種類のCTSはマッサージに良好な反応を示すが、患者の症状が悪化する場合はすぐに中止する。望ましいテクニックは、トリガーポイント療法、筋膜テクニックおよびストレッチングである。姿勢維持位と、肩周辺から腕全体にかけて過緊張になった筋にも注目する。

術後　術後の軟部組織に施術する安全期間はその部位の外傷の種類と程度、治癒の程度、臨床反応、並びに、患者の現在の年齢と健康状態によって異なる。感染の徴候または治癒不良によってマッサージ治療の期間は長くなる。凝塊は術後の最大死亡原因の1つであるため、懸念を要する。亜急性期に炎症や感染の徴候が認められなければ、瘢痕組織周辺の注意深いフリクションによって治癒プロセスが改善され組織が再編成される。マッサージの他の効能としては反射の刺激、疼痛緩和、もみほぐし、リラクゼーション、筋に起こりうる代償性変化のバランス調整が挙げられる。

静脈瘤　静脈瘤は、静脈還流に必要な静脈弁の機能低下により拡大した、異常に膨れ上がった血管である。静脈瘤は通常、脚部にみられる。身体の他の部位に起こる場合は、痔核、精索静脈瘤、食道静脈瘤として知られている。局所的または末端に大きな静脈瘤が認められる場合、マッサージは禁忌だが、軽度の場合は全般的に表面的なマッサージであれば忍容性がある。深部テクニックは避ける。

シンスプリント　シンスプリントは、慢性および急性の労作性コンパートメント症候群、前・後脛骨筋損傷、疲労骨折および骨膜炎を含む一連の症状を呈する。急性および慢性労作性コンパートメント症候群は禁忌である。骨膜炎および疲労骨折を有する患者には注意する。マッサージを実施する前にシンスプリントの種類を判断することが重要である。だが、前・後脛骨筋の症状に対するマッサージは、関係する筋をストレッチおよび循環促進することにより良好に作用する。

頭痛　頭痛は、緊張性、血管性、化学性、牽引炎症性など様々に分類される。頭痛は稀に重篤な基礎疾患を示す場合があるが、典型的な原因が明らかでない場合は、患者を適切な専門医に紹介する。研究から、様々な種類の頭痛でマッサージの同等な有効性が示されているが、マッサージはどれにも適応とされるわけではない。一般的に、緊張性頭痛だけがマッサージに良好な反応を示し、様々な軟部組織テクニックが用いられる。一定の両側性疼痛を徴候とし、筋緊張、靭帯損傷、骨のアライメント不良、または筋骨格の不均衡によって起こる。基本的に拍動性の血管性頭痛を有する人はマッサージを避ける。中枢神経系損傷または感染症による頭痛はマッサージの禁忌である。

喘息　喘息は、気管支平滑筋に痙攣収縮を引き起こすストレスや汚染、アレルギー誘発物質などの条件に対する反応症状である。局所炎症と粘液過剰産生に関連する。兆候および症状には、喘鳴、咳嗽、特に呼気における呼吸困難が挙げられる。マッサージは発作の間に適用し、呼吸に影響する筋構造にかかるストレスを軽減する。肋間筋、斜角筋、下後鋸筋および横隔膜の過緊張には特に注意する。

足底筋膜炎　足の裏の足底筋膜に炎症および痛みがみられる場合は、足底筋膜炎が原因である。この症状は足底筋膜の過用および微小外傷または足底腱膜の変性、あるいはその両方を原因とする。特に一定の休息後、足全体を緊張させると、鋭い打撲様の痛みを覚える。筋を暖めると治まる。マッサージは、痛みに耐えられる範囲で、罹患した構造における軟部組織の緊張を直接または間接的にほぐすために非常に効果的となる。例えば、腓腹筋などの上部筋の緊張をほぐすことで、症状を軽減できる。

脱臼　脱臼は、関節を成す相互の骨が完全に分離する状態をいう（亜脱臼は部分的に分離した状態である）。脱臼の治療の目的は、治癒経過の段階によって異なる。急性期および早期の亜急性期は医学的治療に焦点を置く。亜急性期の後期には、関節を不安定にせず可動域が自由になるようマッサージで軟部組織の瘢痕をほぐす。関節は場合によって亜脱臼かまたは損傷後完全に脱臼するため、部位に過度のストレスを及ぼさないよう患者の肢位に注意する必要がある（肩の脱臼の場合、腹臥位を取り小さいタオルで損傷部位を支えるとよい。負荷のかかる姿勢に腕を動かしたり持ち上げたりしないようにする）。

多発性硬化症　多発性硬化症は次の症状によって認識される。疲労、および、感覚、運動調節、場合により視覚の消失。自己免疫疾患と考えられているが、発症原因は完全には判明していない。多発性硬化症は、中枢神経系の神経線維を取り巻く保護鞘であるミエリンの障害で、筋線維全体にマッサージを受ける能力に関係する。進行期のマッサージは忍容されないため、亜急性期に治療を行うのが望ましい。マッサージの間に筋を過剰に刺激すると、筋を活性化してひどい痙攣を及ぼす可能性がある。感覚の失われた部位にフラッシングテクニックを用いて部位の可動性を維持する。症状の悪化を避けるため、涼しい環境を保つ。

椎間板疾患　椎間板疾患は、椎間板脱出、椎間板ヘルニア、椎間板すべり症に分類され、椎間板の髄核またはその周辺の線維輪が突き出て、神経根、馬尾または脊髄を圧迫する。徴候としては、疼痛、しびれ感、筋力低下および感覚異常が挙げられる。患者がこれらの赤旗徴候のいずれかを呈する場合、マッサージは禁忌であり、適切な専門医に紹介する。124ページの第9章の「疼痛評価」の急性徴候の全一覧を参照されたい。呈する徴候によって対応は異なる。大半の症状は、積極的な休息と疼痛管理によって解決する。マッサージによって軟部組織の代償性パターンに働きかけ、突出した組織を後退させるスペースを作り、疼痛に効果を及ぼすことで患者をリラックスさせる。

低血糖症　低血糖症は糖尿病に関連する場合が多いが、それ自体も病状である。適切に十分な食事を摂らないだけでも血糖値の低下を招く。症状としては、浮動性めまい、意識混濁、悪寒、発汗、空腹、頭痛および蒼白が挙げられる。まず大切なことはエネルギーの置換である。症状が治まれば、マッサージを適用してよい。

低体温症　低体温症は、熱損失率が熱発生率を上回って身体が適切な深部体温を維持できなくなったときに起こる。早期の徴候および症状は、身震い、多幸症、中毒様症状、口唇蒼白、爪床蒼白と幅広い。より進行した徴候および症状には、嗜眠、身震い停止、筋力低下、見当消失、幻覚、闘争行動、意識消失が挙げられる。症状が進行した場合は医療チームの診察を受けさせる。マッサージは禁忌である。

糖尿病　1型糖尿病は、代謝障害に関連する症状で、身体がインシュリンを産生できないことによって起こる。2型糖尿病は高齢期に発症し、身体がインシュリンを使用できなくなる。2型は、消化器系による炭水化物、タンパク質および脂質の代謝不能を特徴とする。1型、2型どちらにおいても、末梢組織への血液循環の低下に対して長期的な適応がある。血液循環の低下は、神経損傷部位における治癒時間の長期化と感覚の低下を及ぼす。末梢組織の感覚低下と血液循環の低下によって、マッサージテクニックの深さと種類を変更する必要がある。皮膚が脆く治癒に時間がかかる可能性がある。疼痛感覚が鈍って圧迫を強いと感じられないため、疼痛尺度が正常範囲であっても信頼できない。マッサージテクニックは侵襲性が低いものでなければならず、少なくとも修正が必要である。患者が1型糖尿病の場合、インシュリンの注射部位、注射時間、注射の種類、速効性か遅効性かなど、インシュリンの投与に関する問題がある。マッサージはインシュリンの吸収に影響を及ぼす可能性があり、患者はこのことを認識しておく必要がある。また、注射部位の組織に微小外傷がみられる可能性もある。患者がマッサージの前1時間以内に注射をしていない場合はこの部分をもみほぐす必要がある。糖尿病の患者を扱うときは、低血糖などの副作用を認識し、必要な予防措置を取ることが必要である。

熱中症　熱中症は、長時間の脱水状態によって起こり、高体温症の最終段階である。救急措置によって患者の体温が安全な温度まで下がらなければ死に至る場合もある。長時間の発汗によって、電解質バランスが臨界状態になる。これは重篤な症状であり、緊急の救命措置が必要である。マッサージは禁忌である。

熱疲労　熱疲労は、筋肉によって生成された熱が身体から放出されずに蓄積するときに起こる。暑いときのマラソン時に起こる場合が多い。症状としては、発汗過多、脱水、血管拡張および頭痛が挙げられる。患者を涼しい環境へ移動させる。余分な衣服を脱がせ、汗を拭き、冷やし過ぎに注意する。水と塩の混合溶液（水1ℓに対し、塩大さじ一杯）を口に含ませる。医療チームを招集することが望ましい。マッサージは禁忌である。

捻挫　捻挫は、骨と骨をつなぐ靭帯組織に影響を及ぼす。捻挫は通常、正常な関節可動域を超えて関節を突然ねじったりひねったりすることで起こり、これにより関節の安定性が損なわれる。損傷した部位の他動ストレッチは痛みを及ぼす。捻挫の重症度に関わらず、組織への血流が不足することから、靭帯の治癒には時間がかかる。マッサージ治療には、固有受容感覚の促通を含める必要がある。亜急性期の後期に行うマッサージおよび他動ストレッチが適している。

嚢胞　嚢胞は、砂粒を単離して形成される真珠のようなもので、基本的に体内の異物に反応してできる。嚢胞の場合、組織が異物または感染を取り囲んで塊を形成する。嚢胞は触診可能で、通常は小さく、皮下を移動する痛みのない塊である。これは部分的禁忌である。

瘢痕組織　瘢痕組織は、組織が損傷後に異常に編成または再構成された結果できる。膠原性の瘢痕組織は高密度で、血管をほとんど含まず、色素沈着、毛包、正常な皮膚腺、可能な感覚ニューロンが欠如している。一般的なマッサージの目的を実施するのと同様に、瘢痕組織にも治癒や感染の徴候などの術後の状況に対する懸念事項を適用する。特に有効なテクニックは、フリクションと軟部組織リリース後の循環促進である。

皮膚炎　「皮膚炎」は炎症性皮膚症状の多くに用いられる一般的な語である。誘発される皮膚反応の種類によって外観は様々である。皮膚炎は、非接触感染性のアレルギー反応であるかまたは皮膚の刺激症状である。代表的な例が物質や植物に対する反応である。マッサージの指針は呈する皮膚症状によって異なる。炎症や病変が認められる場合や発疹が広がる可能性のある場合は部分的禁忌である。かゆみがない場合や皮膚の裂傷がない場合は、皮膚炎に変化を及ぼさない限りその部位にマッサージを行うことできる。

浮腫　浮腫は通常、循環またはリンパの阻害、または、電解質や蛋白質の不均衡の結果、組織の間質腔内の体液が増加して起こる。治療計画を作成する前に、その原因を特定する必要がある。マッサージは循環系に影響を及ぼすため、全身性浮腫の場合は特に大半の種類のマッサージが禁忌である。リンパドレナージュが治療の選択肢である。この種のマッサージの専門家がおり、リンパ浮腫などの状況には最も適している。マッサージは軟部組織損傷などの急性の状況や、患者が長期間動けないときなどに適している。

鞭打ち症　「鞭打ち症」という語は、素早い動きを伴うスポーツにおける頸部の加速と減速あるいは交通事故によって起こる、多数の損傷を示す。損傷の種類には、靭帯捻挫、筋挫傷、軟骨および関節包の損傷、並びに、顎関節の異常が含まれる。急性期には、循環マッサージは禁忌だが、心的外傷および精神的ショックには、自律神経系のバランスを取り戻すための反射促進テクニックが効果的である。亜急性期または進行期には、オステオパシーとカイロプラクティックによる治療をマッサージと並行して行うとよい。

リウマチ関節炎　リウマチ関節炎は、女性の発症率が男性の3倍高い。関節の炎症、膨張、最終的には破壊を及ぼす、小さな関節を標的とする自己免疫疾患である。できるだけ広い可動域を確保し、毒素の排出と不快感の軽減を助ける上でマッサージは効果的である。患者が急性期である場合、マッサージは禁忌である。患者の診察が初めての場合や患者がマッサージを初めて受ける場合は、保守的な方法で始める。まずは毒素を排出するための軽いテクニックを非罹患部位から短い時間で始める。セッションの延長や侵襲的なテクニックを試みる前に、患者の忍容性を判断する。

終わりに

　慣れていない場合や呈する症状について自信がない場合は、用心しすぎるくらい用心するか、あるいは、経験のあるセラピストや適切な医師に紹介するか助言を求める。それと同時に、挑戦して自分のテクニックを研究し、安全な施術の経験を積むことが重要である。

問 題 (解答p.157)

1. 一般的禁忌と部分的禁忌の違いは何か？
2. 一般的禁忌に通常関連する5つのキーワードは何か？
3. 軟部組織の異常症状が認められるときにマッサージに対して必要とされる修正とはどのようなものか？
4. 以下の病状は、一般的禁忌、部分的禁忌、修正のいずれに該当するかを示せ。
インフルエンザおよび感冒、急性瘢痕組織、鞭打ち症、糖尿病、癌、肩の古い脱臼、重度の疼痛、開放性外傷、毛嚢炎、骨粗鬆症。
5. 捻挫と筋挫傷の違いは何か？

スポーツマッサージの準備

マッサージセラピストとしてのキャリアをスタートさせるには、様々な準備が必要である。どこで開業するにせよ、普遍の職業倫理、準備手順について熟考し、衛生管理および安全性管理の必須水準を満たし、プロ意識を忘れないことが必要である。

施術場所

スポーツマッサージはイベント時の競技場の端で、他のセラピストと共に屋外のテントの下で、患者の自宅あるいはセラピストの自宅で、オフィスまたは医療クリニックで実施できる。スペースに制限はなくどこででも実施できる。セラピストがいてスキルがあればそれで十分なのである。

治療室など従来の場所で行う場合、患者の快適性を第一に考えなければならない。環境、患者が何を見て、何を聞き、何を嗅ぎ、何に触れるのか、それが患者の経験にどのように影響するのかを検討する。第一印象は非常に重要であるため、最初からプロフェッショナルな面を見せることが得策である。

開業場所の見当をつけるには、勤めているクリニックに出向いて同僚の施術を受けてみるとよい。患者と同じ手順を受けてみることで、患者の視点から選択することができる。公共交通機関でまたは車でアクセスできるか。駐車スペースはあるか。周辺の地域の様子は安全で清潔で魅力的か。部屋の最初の印象はどうか。温かく清潔感があり、プロフェッショナルな落ち着きがあるか。患者は部屋の見た目、マッサージベッドの快適性、タオルの肌触り、背景雑音、室温について判断する。一通りの治療の経験をすれば、改善すべきか否かが見えてくる。

クリニックの一室を借りる前に、正体を明かさずに訪れ、そこで提供される治療について尋ねる。治療の予約をすると想定し、先の問いを自分自身に問いかけてみる。さらに次のことも問う。受付担当者の挨拶はどうか。このクリニックは自分に合っているか。自分の提供する種類の治療はその環境で実施可能か。あなた自身が抱く印象が、あなたの未来の患者がその場所に訪れたいと思うかどうかを判断するのに役立つ。

表3.1　様々な業務形態の利点と欠点

業務形態	利点	欠点
移動	■賃借料が不要 ■公共向けに仕事ができる（スポーツイベント、会社、公共の場など） ■スポーツチームに同行する機会 ■施業時間を柔軟に変えられる	■設置、解体、移動に時間がかかる ■肉体的な負担が大きい ■安全面 ■必ずしも理想的な場所や治療スペースが確保できない ■後でお茶に付き合わされる
宅外クリニック	■健康スポーツクラブ、病院および整体クリニックなど広い選択肢がある ■他の専門家と一緒に仕事ができる ■他のチームのメンバーから医療支援が受けられる ■受付係が予約を管理する ■通常はマッサージベッドとタオルが提供される	■現場での競争 ■クリニックによっては自分で市場を開拓することが期待される ■間接費が高くつき、施術料金の50％をクリニックがとる場合がある
自宅クリニック	■通勤時間がない ■環境を自分に合わせることができる ■部屋の賃借料が不要 ■一部の費用（電気代、光熱費）を顧客に請求できる	■患者が入室できるすべての部屋をきれいにしておく必要がある ■個人のプライバシーが損なわれる ■プロフェッショナルな他の同僚から孤立する

　移動式、自宅、宅外クリニックのいずれにも利点がある。それぞれの利点と欠点を表3.1に掲載する。（イベントでの業務を検討している場合は、準備について第10章に詳しく紹介する。）何を優先すべきか、あなた自身とあなたの患者に何が最も適するかを検討する。大半のセラピストが、多くの患者を確保するため、2つの場所を選択して患者に選択肢を与える。

必要な設備

　設備としては、マッサージベッド、枕、特殊なクッション、カウチロール、手ぬぐい、各種サイズのタオル、ローション、温熱・冷却パック、椅子、水が含まれる。これらは理想だが、時によっては、これらの設備がすべてそろっておらず、使えるものはあなたの手だけ、ということもある。

　様々な設備品が選択できるため、施術を始めるときは最大限揃えたくなるかもしれない。まず基本的な装備で始め、経験から必要と思うものを加えていくのがよい。トレーニングの間は、様々なマッサージベッド、クッションおよびローションを試してみる。何が適しているかを確かめ、他のセラピストからフィードバックを得て、十分検討した上で選択する。セラピストをセラピストたらしめんとするものは設備ではなくタッチの質ではあるが、患者が快適であるほどセッションに対する患者の充実度は高まる。

マッサージベッド

　装備のうち最も重要なものはマッサージベッドである。マッサージベッドの製造元をじっくり調べる。

当然、あなた特有のニーズに合ったものが必要となるはずである。他のセラピストがそのマッサージベッドを使っている場合、高さを様々に調整できるものが必要かもしれないし、他の調節部品が必要となるかもしれない。フェイスホールは必要か。快適性は必須であり、経営状況に反映されるので、中古のマッサージベッドを購入したい場合はまずは試してみる。パッドの厚みは十分か、頑丈か、破損する可能性はないか、患者がのるときに音が鳴らないか、設置しやすいか、脚がぶつかるバーはないか、そして言うまでもなく、ニーズに適っているか。次項で、マッサージベッドの種類と、長さ、幅、高さに関する検討事項を取り上げる。

マッサージベッドの種類　マッサージベッドを購入する際は、次の点に留意する。

- 可動式のマッサージベッドは、移動型の業務形態、あるいは、マッサージベッドを戸棚に格納する必要がある場合に適している。軽量で折りたたみやすく設計されている。軽量とはいえ、特に遠方の場合は運ぶのが面倒である。このため、上の階への移動や10分以上の移動をふまえて、運べるかどうかを判断することが重要である。
- 高さ調節可能なマッサージベッドは、複数のセラピストで共用する場合は特に便利である。だが、大半のセラピストは、一度好みの高さに調節したら後は変更しないようである。
- フェイスホールを備えるマッサージベッドは、効果的なテクニックの適用を可能にし、患者の快適性には欠かせない。マッサージベッドのフェイスホールのパッドが適切であるかを確認する。フェイスホールが硬すぎたり形が悪かったりして、患者が顔の位置をたびたび調節している場合、マッサージがうまくいかない可能性がある。
- 部屋にいったん設置した後移動しないのであれば、明らかに油圧式マッサージベッドが適している。安定感があり、調節しやすく、プロフェッショナルな雰囲気を醸し出している。電動式である場合は、電動の装置が故障した場合や電気がない場合にはマッサージベッドが使えないということを心に留めておく。

臨床上の留意点

マッサージベッドを購入し自分で確認するときにぜひお勧めしたいことがある。ベッドを持ち上げて歩き、5-10分ほど持ち運ぶことができるかどうか試していただきたい。重さにはなんとか耐えられるかもしれないが、形が複雑だと運ぶのがさらに大変になるかもしれない。台車を購入すればいくぶん問題は解決できるが、階段を上り下りするときや、車への搬入や車からの搬出には役立たない。また、組み立てと解体も試してみる。ベッドを直立に反転させようとするのが最も難しい。最後に、快適性を確かめるため、最低10分は横になってみる。全体のパッドの量とフェイスホールの形状に注意する。快適性は、経験してみなければ分からないのである。

マッサージベッドの幅と長さ　多くの場合、マッサージベッドの幅はセラピストの身長と患者の気分によって異なる。マッサージベッドの標準的な幅は60cm強である。幅の広いマッサージベッドは、体格

の大きい患者にはより快適であるが、セラピストの身長の許す範囲よりも遠くへ身体を傾けなければならず、背部に負担がかかることになる。マッサージベッドの標準的な長さは、183cm前後である。

ヒント マッサージベッドの長さより身長の高い患者については、足首の下に枕を置く。

マッサージベッドの高さ　適切なマッサージベッドの高さはセラピストの快適性次第である。マッサージベッドの高さを選ぶ際には以下の一般的なルールを考慮する。

- 患者の体格
- 施術する身体部位
- 患者の肢位
- 使用するテクニック
- セラピストの姿勢（最も重要）

　患者の体格は様々であり、マッサージベッドの高さに影響する。大柄な患者の場合、最適な高さで施術するにはマッサージベッドを低くする必要がある。患者が側臥位の場合、施術する高さが腰の高さで5-13ｃｍ変わる。自分の身体を高く持ち上げて高く調整するよりも脚を曲げて低く調整する方が楽であるため、マッサージベッドは正常な高さよりもやや低くする方がよい。理想的な施術の高さの決定方法については、第４章の「身体力学」で詳しく説明する。

潤滑剤

　ローションを用いることで、手が患者の組織の上を滑らかに動く。ローションの使いすぎや誤ったタイプのローションの使用はこのプロセスに支障をきたす。理想的には、ベタベタしすぎず組織に染み込む程度のローションを使うと、何度も手に取り直さなくてすむ。

　様々な種類のローションが使用できる。選ぶ前に、マッサージの目的を考えてみる。組織をつまむ必要がある場合は、あまり滑りやすくないローションを試す。イベント前の施術の場合、ラケットを握る場合や敵手と接触する場合など、患者の行うスポーツにローションが差し障りないか否かを判断する。また、ローションが臭うかどうか患者の好みも聞く。患者によっては、オフィスに戻る場合などは特に匂いのするローションは好まない。アレルギーも重要な因子である。アロマセラピストの資格を持たない場合、混合油を用いる際は一部の保険会社は保証が降りないので保険を確認する。

臨床上の留意点

患者の大半は、特殊な匂いでない限り、使用するローションを拒否することなく気に入ってくれる。これは１つには、組織の健康に役立つエッセンシャルオイルが含まれていると患者が認識するためである。「効きそうな香りですね」、と患者に言われることがある。私自身、ベタベタしすぎず組織をつまみやすいそのローションを好んで使っている。

ローションを使いすぎると、組織を持ち上げ施術するために必要な握り動作ができない。十分に使わないと、フリクションを過剰に行ってしまい、毛嚢炎と呼ばれる刺激症状を引き起こす危険性がある。理想的には、皮膚の毛が引っ張られることなく組織を押すことができなければならないが、ローションの中央をなぞった経路が目に見えるようではいけない。ローションを減らすよりも追加する方が楽である。

　ポンプ式のローションではない場合、毎回容器の中に手を入れることについての衛生面も考慮しなければならない。セッションごとに、必要なローションを別の容器に取り分けておく。ある患者に使って残ったローションを次の患者に使わない。

　ローションは、セラピストの手から直接患者に塗布すること。容器から滴らせたり注いだりしない。少量のローションをセラピストの手に注ぎ、手で温めてから患者の皮膚に広げていく。ローションの塗布が必要なときは毎回、片手を患者の皮膚に触れておく。接触した手を上向きにしてローションを注ぐか、または、接触していない方の手にローションを注ぐ。患者の皮膚への接触が途切れないよう、室内にローションの容器を数個置いておくか、容器を保持できるベルトを装着する。

衛生管理

　患者に感染させないようできる限り注意を払うことは言うまでもなく重要である。感染症は、以下の経路でマッサージ環境に伝播される。

- **直接接触**：洗っていない手での握手および患者から他者への接触。
- **間接接触**：誰かが触れたドアノブに手を触れる、洗っていないタオルの上に寝そべる、洗っていないフェイスホールに顔をのせる。
- **空気感染**：感冒およびインフルエンザはマッサージの禁忌である。患者の健康状態が良くない場合およびくしゃみや咳をしている場合は、患者を診察するべきではない。同じことはセラピスト本人にも言える。体調が悪いと感じる場合は、患者に感染のリスクを負わせるのはやめ、予約をキャンセルする。

適切な衛生管理で予防する。
- 治療ごとにお湯と石鹸で十分に手を洗う。
- 爪を短く切り、病原体の居場所を減らす。
- ローションが宝石類に蓄積し、擦過傷を引き起こす可能性があるため、宝石類はすべて外す。
- 患者ごとに、フェイスホールとその周辺を消毒する。
- 設備を定期的に清掃する。
- 患者ごとに新しいタオルとカウチロールを使用する。
- 部屋を常にきれいに整頓する。
- ドアのハンドルなど、接触する場所を拭く。

患者の肢位

　肢位は、患者の快適性だけの問題ではない。ともすれば到達しにくい軟部組織構造に到達しやすくなる。患者がある肢位から別の肢位に患者を動かす方法、肢部を支え身体を安定させる方法、患者に指示を伝える方法、これらはすべて、治療の経験次第で上手くも下手にもなる。肢位は、そのものがスキルであり、練習を要する。

快適性

　快適性によって患者はリラックスし、組織が柔らかくなり、セラピストは効果的な施術が可能になる。快適性に乏しいフェイスホールは、身体の他の部位を不要に緊張させる（フェイスクッションを用いることで簡単に解決できる）。音楽の種類、部屋の装飾品、アロマ、セラピストの声、タオルの質感、室温によっても快適性を得ることができる。治療スペースが患者のニーズに適っているか否かを確認する良い方法は、まず最初に自分自身がその装備を使って治療を受けてみることである。同僚にローションを塗布されるとき、部屋が寒すぎると感じたときの発見に驚くことだろう。

関節と四肢の支え

　関節には可動域の限界がある。これを正常範囲内に維持するため、適切な位置に枕を置いて支えにする。例えば、患者が腹臥位の状態で足首の下に枕を置くと、関節が支えられ、脚部に下方の圧力をかける際に足首を無理に過底屈するのを防ぐ。腹臥位のときの肩関節の外転など、姿勢の負荷がかかる部位を確認する。肩の下に小さなタオルを敷いて支えにすることで緊張が解け、既に伸びきった筋をさらにストレッチすることなく、施術できる。

安定性

　安全性を損ねないよう、患者のアラインメントを常に認識する。患者の肢部を最も安定させる方法、肢部と関節を支えるためにクッションなどを置く最善の方法を検討する。側臥位で多くみられる失敗は、正しくない位置に枕を置いて、肢部の肢位が不安定になることである。患者の上側の脚を90度に曲げ、下側の脚は真っ直ぐに伸ばしておくと、骨盤と腰の安定した肢位になる。（25ページの写真を参照。）上肢をより安定させる必要がある場合、同じ状態からさらに、ベッドの端をつかむよう患者に支持する。頭の下と足の下にクッションを置く。患者が安定した肢位でリラックスしていると、より効果的な施術ができる。

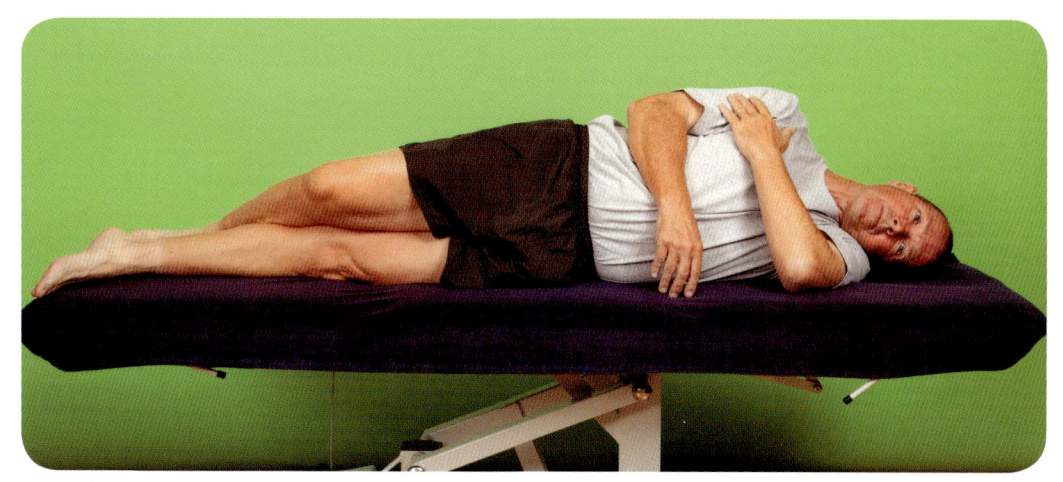

望ましくない側臥位

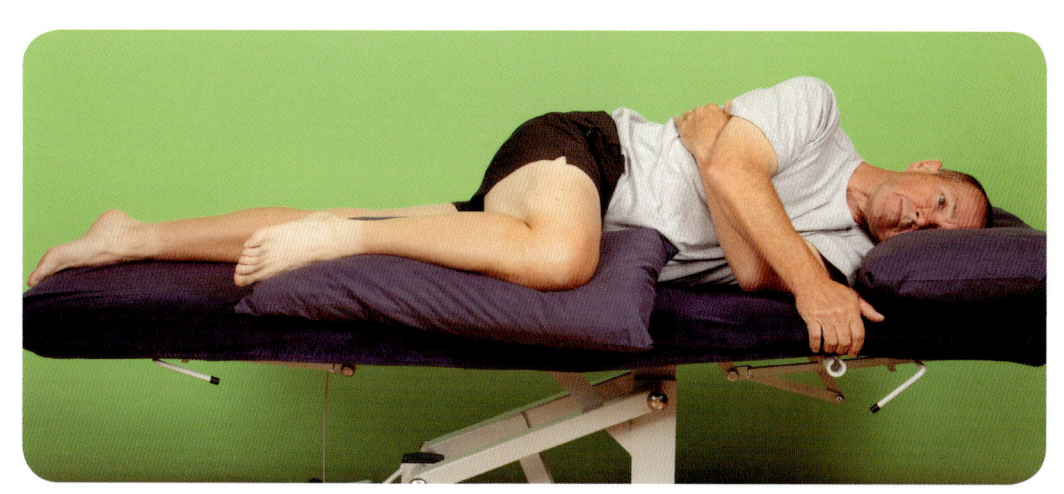

枕を使った有効な側臥位

到達性

　同時に、筋に到達しやすくなる別の肢位がある。例えば、厚い腓腹筋からヒラメ筋に到達するのは難しく、また、患者には不快な場合がある。患者の肢位を側臥位に転換することで、表層の筋（腓腹筋）が骨から下がり、奥の組織（ヒラメ筋）に到達しやすくなり、施術しやすくなる。

効果的な患者の肢位のための4つのポイント

- 関節と四肢の支え
- 安定性
- 快適性
- 到達性

肢位

　患者を新しい肢位に動かすとき、安定性の維持と肢部の支えを最大限考慮する必要がある。このプロセスの間、タオルでの調整も同様に重要である。肢位には、背臥位、腹臥位、側臥位、場合によって座位が含まれる。

背臥位　頭と膝の下に枕を置いて支えにする。（膝の下に長枕を置いてもよい。）こうすることで、腰を楽な姿勢のまま、自然な姿勢で身体を安静にすることができる。膝の後ろに枕を置くことで、マッサージの間に膝関節が正常な可動域から逸脱するのを防ぐこともできる。

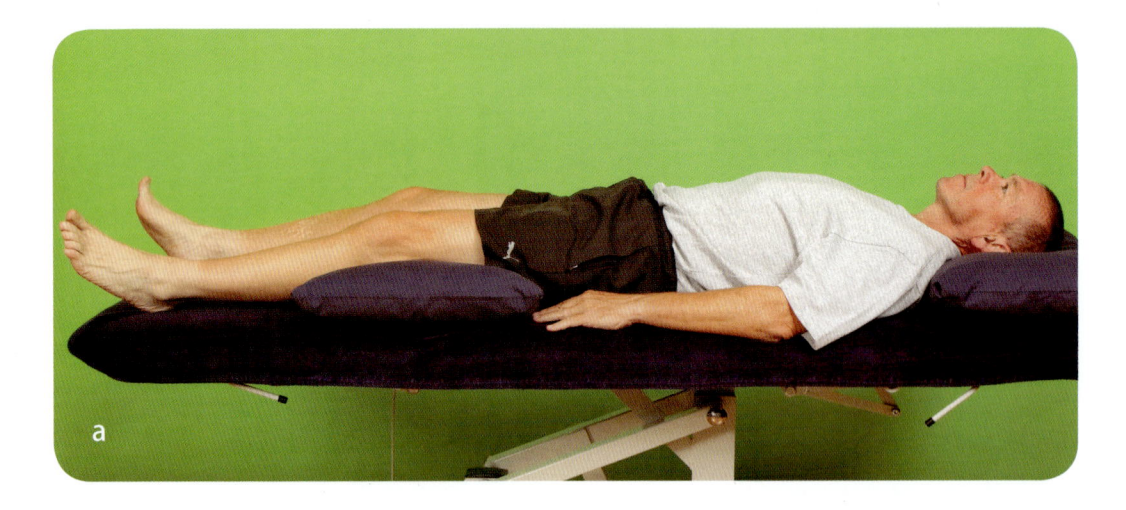

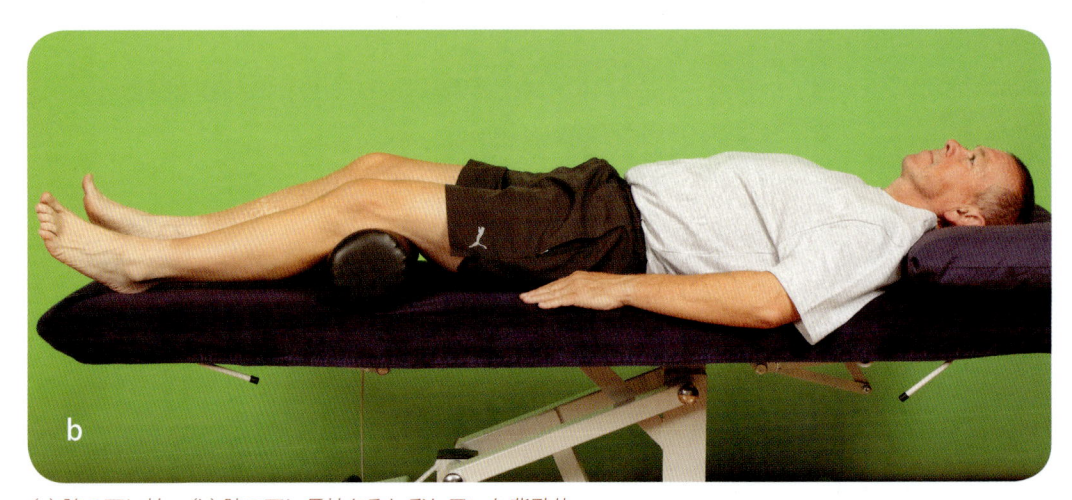

(a) 膝の下に枕、(b) 膝の下に長枕をそれぞれ用いた背臥位

腹臥位　体幹または骨盤の下にクッションを置いてもよい。重度の脊柱前弯症の患者または腰に問題がある患者の場合、この部位に支えを置くことは重要である。胸の大きな女性の場合も、体幹の下にクッションを置いて少しでも平らにすることが重要である。足首の下にクッションを置き、足関節と足部の過度の屈曲を予防する。肩関節の外転した患者や、胸の大きい患者については肩の下に小さいタオルやクッションを置く。

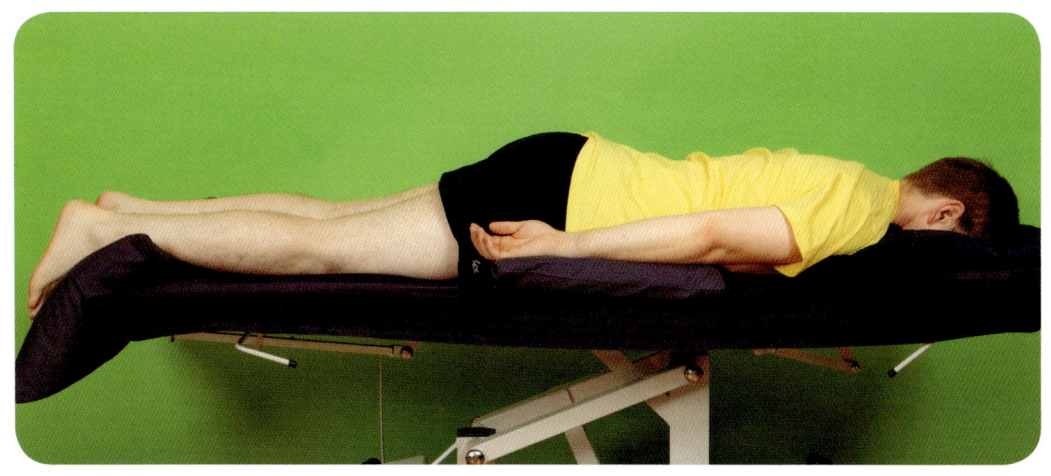

腹臥位

側臥位　側臥位では、患者のアラインメントに特に注意を払う。患者を誤って不安定な肢位にするのは簡単である。患者の上側の脚を90度に曲げ、下側の脚を真っ直ぐ伸ばすことで、骨盤と腰が安定し相互のアライメントを維持することができる。患者がさらに上肢の安定性を必要とする場合、ベッドの端をつかむよう患者に指示する。頭の下と脚の下にもクッションを置く。正しい腹臥位については、本章の前半、25ページに写真を掲載する。

座位　座位は有用な肢位だが、不安定な肢位にもなりうる。患者はベッドの端に座る間、床に足をしっかりとつける。背中を支えるために、セラピストと患者の間に枕を置く。

　床に椅子を置くこともできる。椅子は移動可能で場所を取らず、服の上からマッサージができる。椅子は、背中に不適切なストレスをかけることなく患者を支えることができる。背中に問題があり、マッサージベッドにのることが難しい患者には特に有用である。この肢位で患者に施術するには、基本的なトレーニングがさらに必要である。

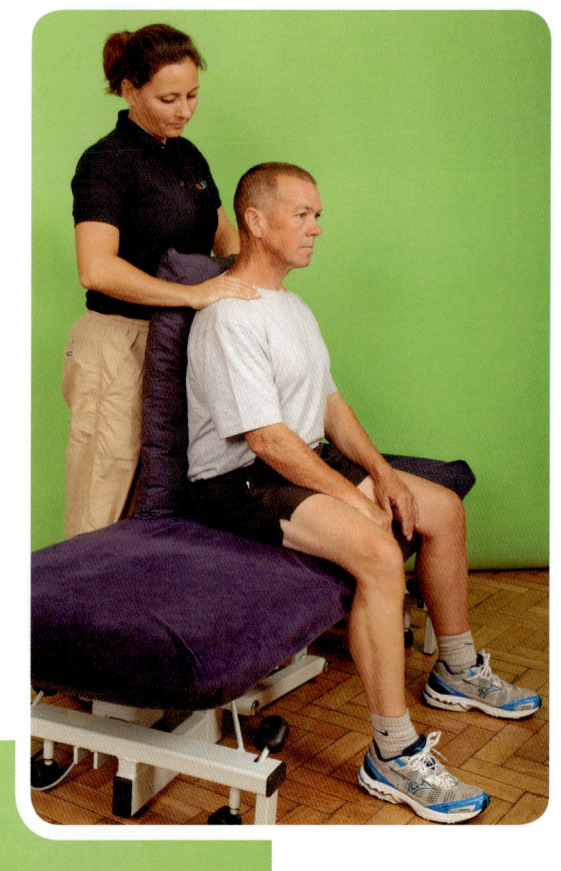

マッサージベッドの上での座位

マッサージベッドの上での座位

3　スポーツマッサージの準備

タオルの調節

　患者を動かす際にタオルを調節するには練習を要する。ここでは、自信を持ってタオルを調節するための簡単なルールを説明する。

1. 扱うタオルの枚数を最小にする。大きなタオルを1枚使うとよい。
2. 患者の慎みを保てるよう適切に患者を隠すこと。
3. 患者を動かす前にクッションをマッサージベッドからどける。
4. ベッドの手前側と大腿部でタオルをはさむ。
5. 手を両手に広げ、タオルをやや持ち上げる。
6. 患者に移動を指示するときは分かりやすく伝える。

　患者の肢位を変えるときに、タオルを調節するいくつかの方法がある。ここでは2つの方法を簡略的に紹介する。最初に始めるときは、患者の動く方向を予測する必要がない1つ目の方法が用いやすい。2つ目の方法（30ページ）は、患者の動く方向に直感を働かせる必要があるが、調整を維持するためにどちら側をつかめばよいかを一度マスターすると、タオルの調整が非常に柔軟に行える。方向を見誤ると患者からタオルが外れ、両者とも戸惑うことになる。

　セラピストはマッサージベッドのごく近くに位置する。脚をベッドの脇に押し当ててタオルを維持する。タオルの位置は高すぎず低すぎず、患者が自由に移動し慎みを保てる適切な高さに維持する。プロセスの間患者の慎みが保たれるよう、タオルの両端をつかむ。

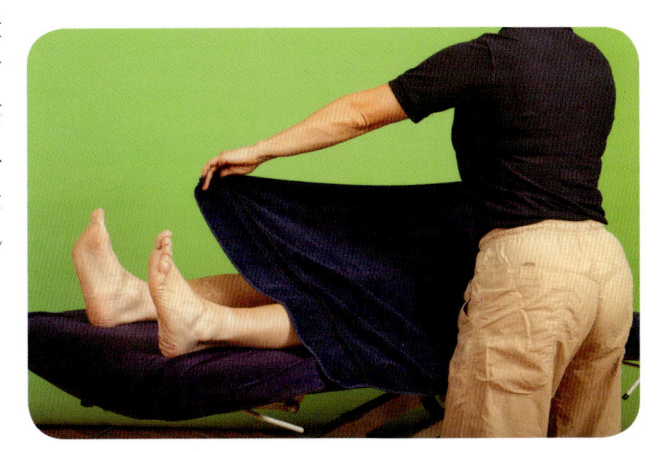

大腿部でタオルを押える。

患者の肢位転換の間、2つのうちのいずれかを確実に行う必要がある。患者に向いてほしい方向を明確に伝えることか、または、患者がどちらの方向を向くかを予測する達人になることである。いずれにせよ、重要な部分が隠れるよう、タオルの片端を保持しておかなければならない。

　ときおり、明確な指示を出しているにも関わらず、患者が左右を誤って動いてしまう場合がある。このような場合も状況に対応できるようにしておく。セラピストとして成長し自信がつくにつれ、セッション中の患者の移動と肢位の変更は日常的なものになり容易に行えるようになる。このスキルを上達させさせれば、患者の慎みを保ちつつも、複数の肢位で筋に到達しやすくなる。このスキルは、検査を実施するときやより応用的な肢位を適用するときに非常に重要である（背臥位で脚を挙げるなど）。

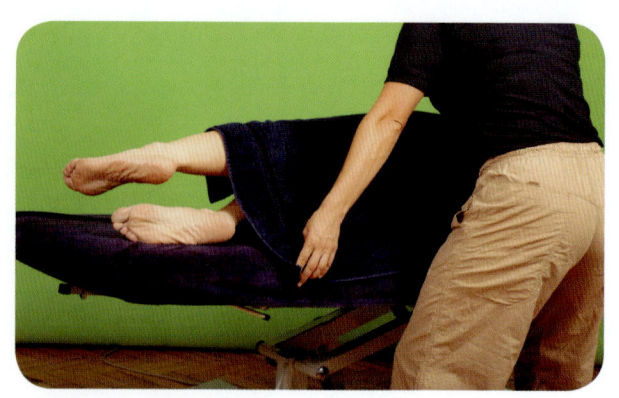

反対側のタオルを持ち上げる。

ヒント　最初は、衣服を着た人の肢位転換を試みる。そうすれば失敗しても笑いで済まされる。また、2つのタオルテクニックを試み、自分に合った方法を選ぶ。

安全性

　患者の安全性は、部屋と装備に関しても、また、患者の健康全般においても優先事項である。治療後、患者が自宅に帰れる状態でない場合は、患者に代わって手配する。

> ### 臨床上の留意点
>
> マッサージ治療が終わりに近づいた頃、糖尿病である私の患者が自分で自宅に帰れないことが判明した。彼女は朝インシュリンを投与していたが、治療前に十分な食事を摂っていなかった。セッションが終わるまでに、彼女は明らかに苦しみ出し、緊急治療が必要となった。血糖値が安定し、認識状態になった後、私は患者の娘に患者を迎えにくるよう手配した。彼女は安定したが100%の状態ではなかったため、用心しすぎるくらい用心するのが賢明である。

　基礎の応急処置訓練はスポーツマッサージセラピストには必ずしも必要ではないが、現場での損傷のリスクが高いスポーツに関係する場合は特に、訓練を受けておくことを強く推奨する。応急処置キットを常に用意し、使い方を把握しておく。キットには、はさみ、非ラテックス製手袋、ガーゼのパッドおよびロール、湿布、絆創膏、粘着包帯を備える。（使用期限切れのものがないか定期的にチェックする。）

　また、以下を含む良好な環境安全基準を実施することが賢明である。

- 定期的にすべての装備を保守点検する。
- マッサージベッドの移動を妨げるようなカバーを床に敷かない。
- マッサージベッドがキャスター付きの場合、ブレーキをかけておく。
- 部屋の戸を施錠する。
- 歩道や駐車場を含め、使用するすべてのエリアに注意し、定期的に点検する。

終わりに

　最初の頃は、マッサージを開始する前にもやるべきことや決めるべきことがたくさんあるように思える。これは事実であり、あなたの施術の基礎を固めるためにはこれを正しく行うことが重要である。適切に準備しなければ、患者はそれを感じ取り、再び訪れることはない。

問題（解答p.157）

1. 医療機関で施術する利点は何か？
2. 感染が伝播する3つの経路は何か？
3. 患者の肢位を形成するときの優先事項は何か？
4. 患者を腹臥位にするとき、どこに枕を置けばよいか？
5. 患者を背臥位にするとき、膝の下に枕を置くことはなぜ重要か？

パートⅡ

スポーツマッサージのテクニック

パートⅡでは、マッサージセラピストとしてあなたが長く活躍できるような方法でテクニックを適用する方法について説明する。健康業界に携わるすべての人が、自分自身の姿勢と患者に対する安全性・有効性の両方が保証される実践的な適用方法を検討する必要がある。第4章では、適切な身体力学と、マッサージベッドの正しい高さ、施術の姿勢および適用の原則について述べる。章末の「問題」で、重要事項の理解の強化を促す。

　第5章では、スポーツマッサージの基礎となるマッサージテクニックを紹介する。これらのテクニックは多くの種類のマッサージにおいて用いられているが、適用する部位とその方法によってスポーツマッサージ特有のものとなる。視覚的に分かりやすく参考となるよう、写真と説明を付しているが、絶対的ではなくあくまでも提案である。自分自身のテクニックを構築できるためのアイデアとして提供することを意図している。有効性と安全性のために提案される原則に則りつつ、セラピストの快適性を高めるために肢位を変更または調節してもよい。本章は、これらの原則が確実に理解できるためのヒントが満載であり、章末の問題で情報の定着を強化する。

身体力学

　良い身体力学が、実践的なすべてのマッサージテクニックの基礎である。楽に施術でき、損傷を被らず長く仕事を続けていける能力はこれで決まる。セラピストが身体をこわす一般的な原因は、てこの作用とアラインメントについての誤解と誤った適用である。効率的な適用により、それぞれのストロークのコントロールや力が良くなり、集客力にもつながる。

　身体力学は、コントロールされていると実感できるマッサージを適用することにも通ずる。軽すぎず強すぎない、ちょうどよい深さのマッサージを患者は望む。セラピストは、組織と協調して施術することによって患者のニーズにこたえようとする。てこの原理と適切なアラインメントの原則に従うことにより、最適かつ安全な方法で施術することが可能である。

マッサージ台の高さ

　適切なマッサージベッドを選ぶことは、快適に効率よく施術できるための第一ステップである。第3章で述べたように、マッサージベッドの購入に当たって心得ておくべき様々な検討事項がある。マッサージベッドを購入したら、適切な身体力学を実践するため、以下の基準に基づいて高さを調節する必要がある。

- **患者の体格**：患者の体格は、セラピストが腕を伸ばす位置において重要な役割を果たす。大きい患者に対して適切な角度を取るには、ベッドを低くする必要がある。
- **施術する身体部位**：身体の正しい角度を判断するには、もっとも厚みのある身体部位、通常は骨盤や腹部周辺を選択する。
- **患者の肢位**：側臥位の腰部と腹臥位の腰部では、高さがかなり違う。従って、側臥位で調節し、ベッドを下げる必要がある。
- **用いるテクニック**：マッサージベッドの高さを調節する能力は、高度なテクニックを用いて施術するときやテクニックを実施するために患者の周囲を動き回る必要があるときはさらに重要となる。

トレーニングを始める際、ベッドや患者を調節するのではなく、効果的に施術できる脚の肢位を調節するのがよい。

- **立ち位置**：施術内容と速度を調節するためには脚が重要である。理想の姿勢は、足幅を約90cm開けて立ち、姿勢を低くすることである。

> ### 臨床上の留意点
> 初めて行うとき、ほとんどのセラピストは良質な可動式のベッドを購入する。確立してからは、油圧式ベッドなどの調節が容易で患者の周りを動きやすいベッドを常設できる。通常、マッサージベッドではなく自分の脚で調節することにより、高さを十分変更できる。例えばタポートメントは、上腕と前腕の角度を正しく維持することで最適に適用することができる。これを最も容易に行う方法は、ベッドを調節するのではなく、膝を曲げて適切な高さまで腰を下げることである。

ベッドは、高すぎるよりも低すぎる方がよい。脚を曲げるかまたは足幅を広くとることで、動きの深さとコントロールを維持しながら調節することができるためである。アラインメントを維持することも重要である。そうしないと、前にかがむことで背中に歪みを及ぼす。逆に、マッサージベッドが高すぎると、肩と上体に負荷がかかる。

ヒント 患者の体格、施術する部位、患者の肢位、用いるテクニックおよび立脚に基づいてマッサージベッドの高さを調節する。

施術の姿勢

最も効率的な施術姿勢を取るために、以下の原則を守る。

- **肩と腰をストロークの方向に真っ直ぐにする。** これにより、腰に負担をかける回旋運動がなく、脚からエネルギーを及ぼすことができる。
- **足幅を広くとる。** これにより自由に動くことができる。
- **腕を身体から約30度開く。** これにより、脚と全身から推進力を生成できる。また、筋が骨に圧迫されるのを防ぐ。
- **腕で輪を作る。** 輪を作ることで効率よく施術でき、楽に力を使うことができる。
- **肘を固めずに腕を伸ばしておく。** 腕を曲げすぎると身体のアラインメントが損なわれ、脚からの筋力が使えなくなる。
- **できるだけ、腕からではなく脚から動く。** これにより腕がリラックスし、侵襲的ではなく弱々しくもない強いタッチが生まれる。上体、腕または手の余計な緊張はストロークに伝わる。
- **長いてこを維持する。** 動きと姿勢の全般的な方法として、足の支持基底面から始まり腰から頭頂部までを貫く長いポールを想像してみる。これが力を生成するための理想的な姿勢だが、関節を

屈曲できないという意味ではない。この発想をすることで、関節を曲げすぎないことによって動きを崩さず、腕、腰、上体および脚全体でできるだけ長いてこの原理を維持する（以下の写真を参照のこと）。これにより、四肢の一部あるいは身体部位が独立で働くのではなく、全身の協働が可能になる（腰を曲げすぎると、腰に負担がかかり、脚から生成される力の大半が腕にかからなくなる）。また、ストロークの質や深さも変化するため、深く施術したいとき、上体にさらに負担を強いることになる。正しくテクニックを用いれば、楽に施術でき疲れないことに気づく。

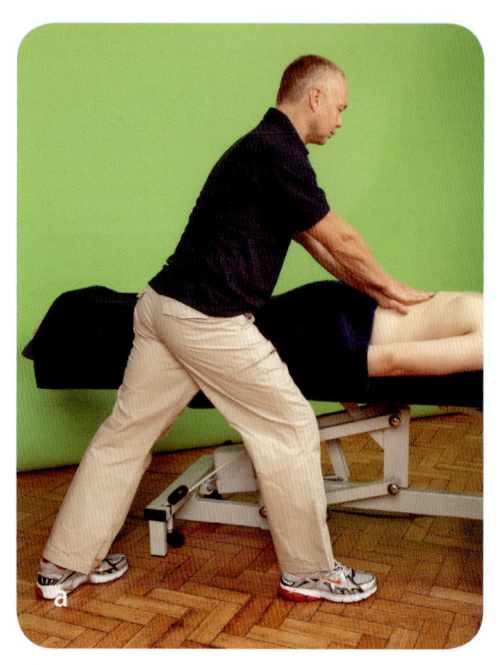

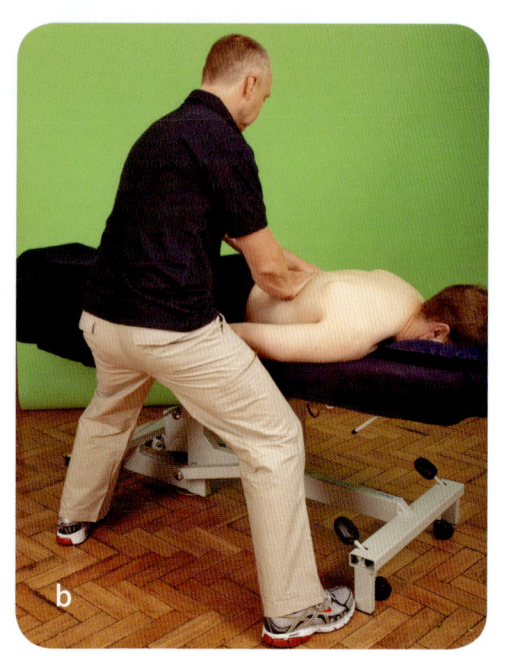

効率的な施術姿勢：(a) 非対称な、(b) 対称なアラインメント

ヒント 以下が安全かつ効率的な施術姿勢の原則である。

- 肩と腰をストロークの方向に真っ直ぐにする。
- 足幅を広くとる。
- 腕を身体から離す。
- 長いてこを維持する。
- 腕で輪を作る。
- 肘を固めない。
- 脚から動きを及ぼす。

実施の原則

マッサージベッドの正しい高さと基本的な施術姿勢を覚えたところで、効果的な施術アプローチに欠かせないその他の方法を紹介する。

> ### 臨床上の留意点
>
> 手で触れている組織により敏感になるには、自分の動作そのものを見るのではなく、手から情報を得ようとすることである。手に対する視点を変えることによって、指の触覚受容体の感受性は高まり、その結果、組織に関する正確な情報が得られる。眼を使おうとするのは、曇りガラスの窓から見ようとするようなものである。動作そのものを見ないその他の利点は、直立姿勢を維持できることである。施術する方向へ頭が下がり肩が引っ張られることがなくなる。

非対称なアラインメント

非対称に施術することで、上体と下肢、左右にバランスが生まれる。この体勢では、自分の身体を押し出す必要のあるテクニック（長いストローク、エフルラージュなど）を効果的に用いることができる。視線を下ではなく前方に保つ。これにより、直立の姿勢が維持できる。手の位置、感触を覚える構造、視覚の不要性は、徐々に感覚的に分かるようになる。別の身体部位を施術するとき、非対称のアラインメントを維持する（非対称のアラインメントの例は36ページを参照）。

対称なアラインメント

対称的な立脚は、腰を前に向けながら両足を横に広げる場合である。膝をわずかに曲げながら、両脚を腰幅よりやや広くとる。この姿勢は、ペトリサージュなどの組織を寄せ集めるテクニックを用いるときに有用である。脚から動作を及ぼすため、左右に揺れるか、または、屈曲した脚から押し上げる。上体を支持するため、患者の組織を寄せ集め持ち上げるときに腹筋を作用させる。その他のバリエーションとしては、腰と上体を前に軽く押し出して、引き戻す。すなわち、身体の片側で腕を押しながら、反対側でもう片方の腕を引き戻す（対称なアラインメントの例は36ページを参照）。

動き

実際に動的なストロークを適用するためのカギは、身体全体の使い方を認識することである。足から頭までの1本の長い紐を想像してみる。片端を引くと、もう片端が動く。これを、マッサージの間の動きに適用する。力がどこから生成されるかを考える。実際にもっともよく動いている身体部位はどこか。最初に疲労する部位はどこか。

この認識を練習し、どのように動くかを観察する（どこが動き、どこが動かないのか）。まず立脚し、目を閉じる（目を閉じることで、動きがどこから起こるのかが分かる）。ストロークを選択し、行ってみる。動き

はどこから生まれただろうか。最初に腕が動いたのか、それとも、足が先に動いたのか。

　理想的には、ストローク全体を通して身体の下部から動きを及ぼすのがよい。もう一度ストロークを試みる。ただし今度は、足が動くまで腕は動かさない。これは何度か練習が必要かもしれないが、我慢強く行う。正しく身体を使うことで、ストロークの深さ、力および流れをコントロールできる。

ヒント 非対称および対称な姿勢の両方で脚を動かしてみる。脚が腕よりも動いているように感じる場合やその逆のように感じる場合、腕と脚が独立に働いている。脚がどれほど動いても、腕は縦方向に同じ距離で動くべきである。

ヒント 効率的な動きの原則は以下の通り。

- 楽さを考慮する
- 自己認識
- 前方への視線
- 非対称なアラインメント
- 対称なアラインメント
- 角度の拡大
- 動きの統一
- 均一な働き

深さの増大

　ストロークの強度に関わらず、手の下にある組織の反応を常に意識し、患者からフィードバックを得る。深くするほど動きを遅くすることが基本的なルールである。動きが早すぎると判断する指標は、筋の収縮や緊張、あるいは、患者の口頭での反応、患者がどことなくそわそわする、拳を握る、などである。生理学的な徴候としては、軽い発汗または耳の発赤が挙げられる。組織に協調させて施術することが重要である。ある程度の不快感が必要で好ましい場合もある。よい痛みか悪い痛みかを患者を見て判断する。（疼痛評価に関する詳しい情報は、第9章を参照のこと。）ストロークの深さを増大させるため、身体全体を動かすか、慣れたストロークとは異なる形態を用いることができる。

ストロークの深さを増大させる

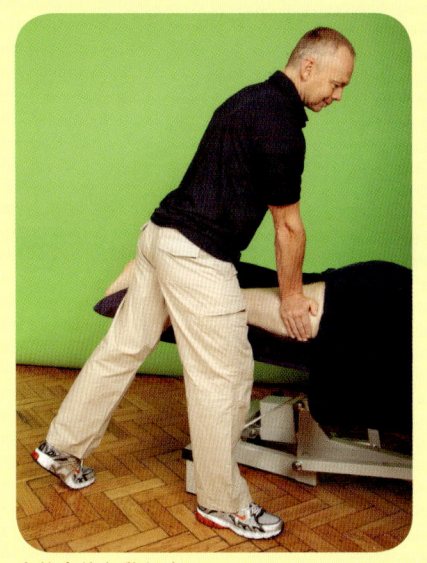

身体全体を動かす

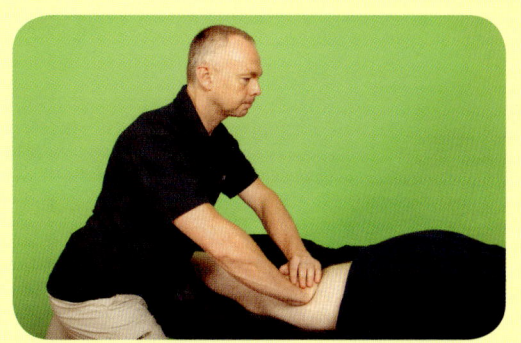

補強した手を使う

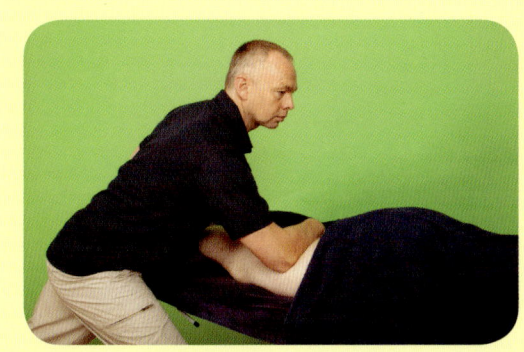

前腕を使う

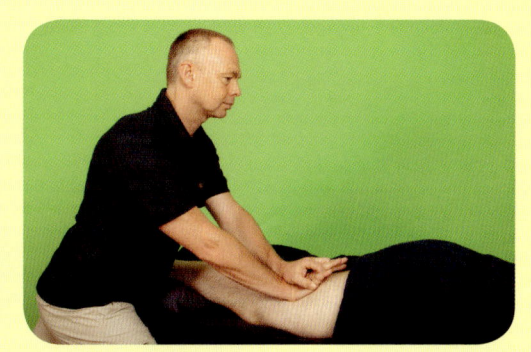

手の母指と小指球を使う

　ストロークの深さを増す別の方法は、脚から力を生成することと、ストロークを適用する角度を変えることである。体格のいい大柄のアスリートについて、より深い組織を扱う状況を考える。上体全体を使ってより大きな力を生み出すことが非常に効率的である。手首に大きな角度をつけすぎないよう注意する。そうすることで関節に負荷がかかり、反復性挫傷を引き起こす可能性がある。

適用の原則の自己評価

以下の質問に答えることにより、よい身体力学の原則がどれだけ適用できているかを評価する。もっとも簡単にこれを行う方法は、第三者に観察してもらいこれらの質問に答えてもらうことである。

股関節と下肢は背中と一列に並んでいるか。	はい	いいえ
真っ直ぐ前を向いているか。	はい	いいえ
肩はリラックスしているか。	はい	いいえ
腕は身体の前にあるか。	はい	いいえ
楽にリラックスしながら呼吸しているか。	はい	いいえ
脚から推進しているか。	はい	いいえ
腕はリラックスしているか。	はい	いいえ
身体が協調しているか。	はい	いいえ
腰を曲げているか。	はい	いいえ
施術している手を見ているか。	はい	いいえ
肩が上がっているか。	はい	いいえ
腕が横にあるか、または、身体に近づいているか。	はい	いいえ
息が上がっているかまたは汗をかいているか。	はい	いいえ
上体から推進しているか。	はい	いいえ
腕または手が震えているか。	はい	いいえ
関節または筋が不快な徴候を示しているか。	はい	いいえ

- 左列の質問すべてに「はい」と答えた場合は優秀である。良い身体力学が実践できている。
- 右列のいくつかの質問に「はい」と答えた場合は、適用の原則をもう一度復習する必要がある。

©『スポーツマッサージ』(S・フィンドレイ著／ガイアブックス)

終わりに

　本章で紹介した施術姿勢の原則をできる限り守る。片方の腕だけで施術する必要がある場合は、腰を広げ体幹を回旋する。こうした状況が稀であれば、長期的な影響はない。本章の施術姿勢の原則によって損傷のリスクは最小限に減らせるが、スポーツにおいては、長年の反復が損傷を招きうる。体調維持、ストレッチ、定期的なマッサージ（1年に1回ではない）、健康に関する前向きな意識によって自己管理することで、損傷は回避できる。

問 題 (解答p.158)

1. 安全かつ効率的な施術姿勢の7原則は何か？
2. マッサージ中またはマッサージ後に不快感を覚えた場合、どうすればよいか？
3. 深いストロークを適用するときの一般的な目安は何か？
4. ストロークの深さが強すぎる場合や速すぎる場合に患者が示す徴候にはどのようなものがあるか？
5. ストロークの深さをもたらす基本的な部位はどこか？

マッサージのテクニック

　基本的なスポーツマッサージのテクニックは、スウェーデン式マッサージ（エフルラージュ、ペトリサージュ、圧迫、バイブレーションなど）を基に生み出された。時を経て、オステオパシーや理学療法などの他の施術分野から、マッスルエネルギーテクニックや筋膜リリース、神経筋テクニックなどの新たな方法が加えられた。これによりスポーツマッサージの治療的テクニックが編み出された。本章のマッサージストロークを学ぶことが、トレーニングの基礎となる。（本章で扱うマッサージテクニックの要約は、63-64ページの表を参照。）他のテクニックをどれほど多く学んでも、これらの軟部組織テクニックが最善であり、患者にもっとも喜ばれるものとなる。

マッサージストロークの構成要素

　マッサージストロークの適用方法を最初に学ぶ際には、以下のマッサージの技術的な構成要素について知る必要がある。これらを学ぶことで、効果的な適用法を事前に身に着けることができる。

方向　方向には、縦方向、横方向、円方向がある。すべての方向のすべてのストロークが体幹で使用できるが、縦方向のストロークは、末端部位から心臓に向かうほど深く強く、戻るほど軽くする。これは、静脈とリンパの還流機構を反映した動きである。縦方向は、脚と腕にも適している。フリクションなど動きの小さいストロークを用いるときは、小さな円運動を行えばこの還流機構が妨げられない。

圧力　まず、表面に軽い圧力をかけて組織を温め、深い施術の準備をするとともに組織の状態を評価し、注意が必要な部位を調べる。組織を効果的に温めたら、深部ストロークを適用してよい。治療中と治療後、エフルラージュを用いて施術したセクションとその周辺組織をもみほぐすと効果的である。

　適用した圧力の程度に関わらず、手の下の様々な組織を感じ、有害な緊張に反応しながら、丁寧にマッサージしなければならない。緊張した部位は速度を遅め、望ましい反応が得られるまで圧力を軽くする必要がある。深い施術ほど、速度を遅くする。以下の部位では圧力を弱める必要がある。

5　マッサージのテクニック

- 骨突起部（脊椎など）
- 筋量の少ない部位（脛など）
- 感受性の高い部位（胸部など）
- 皮下に繊細な構造を有する部位（膝の奥の大腿動脈など）

施術に用いるセラピストの身体部位　セラピストの身体部位には、手の母指と小指球、指と母指（補強に用いる）、補強された手、前腕、肘が含まれる（下および次ページの図で基本テクニックを参照）。肘は経験を積んで繊細に扱えるようになってから用いる。もっとも重要な検討事項は、手を保護し、過用や緊張を避けることである。テクニックに乏しいセラピストは、手、腕、肩、腰への反復性挫傷により、セラピストとしてのキャリアが短いことがよく言われる。

基本テクニック

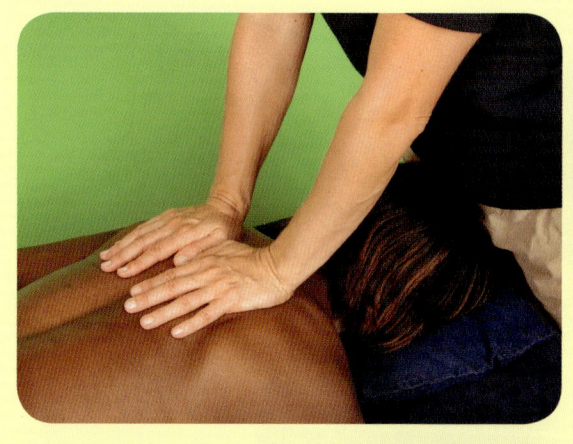

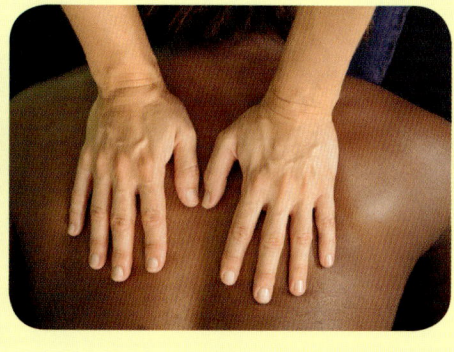

手の母指と小指球を用いる

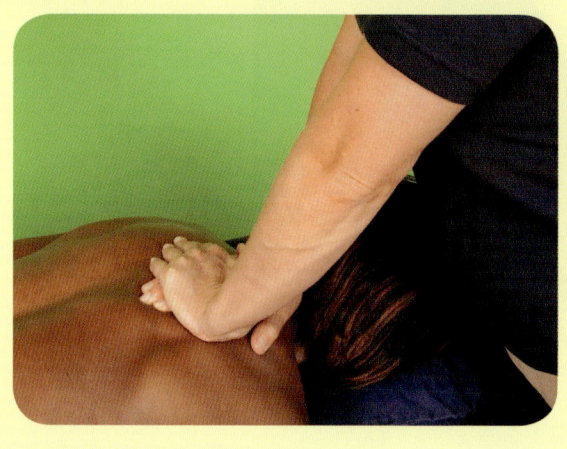

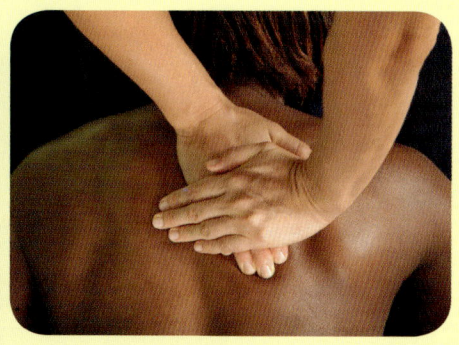

補強された手指

基本テクニック（続き）

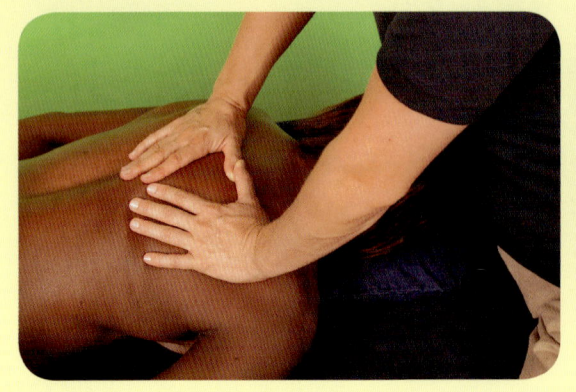

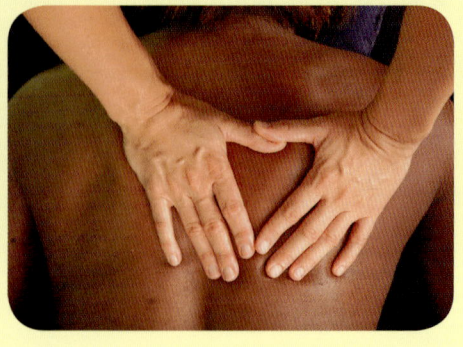

補強された母指

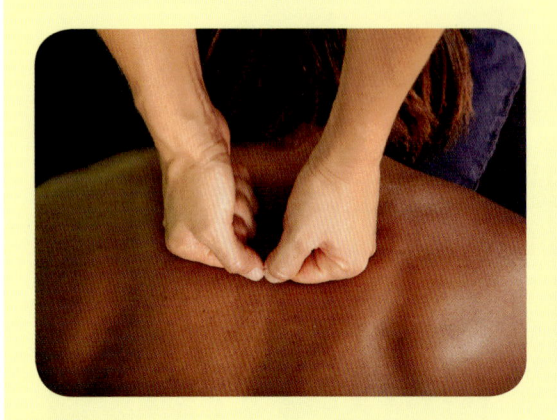

握り拳／指関節

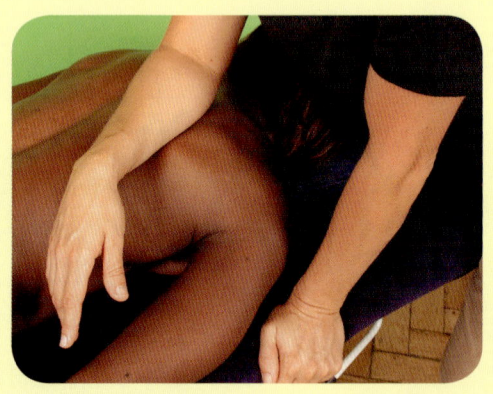

前腕

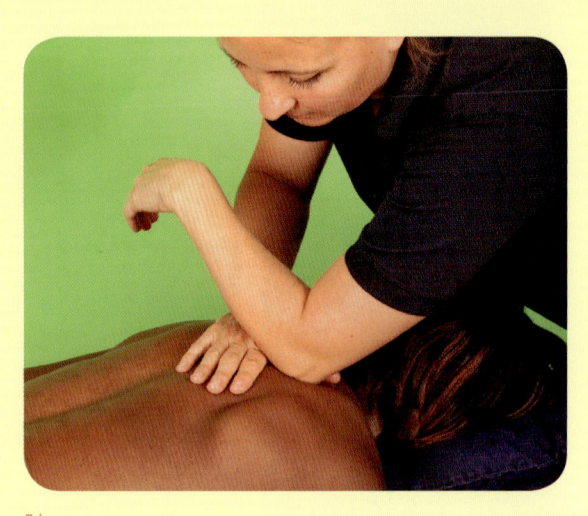

肘

手は、セラピストの身体部位の中で、施術に最も重要な部位である。手は感受性が高く、器用で融通が利き、組織の状態に関するあらゆる情報を伝えることができる。トレーニングを開始するとき、まず最初は患者に手を置き、目で見るのはやめ、手を目の代わりにする。手が目よりものを言う。自分の手の動きを目で追わないようにすることが難しい場合は、目を閉じるか、最初はアイマスクをして練習し、感覚に慣れる。動きに関する詳しい情報と手で診察することについては、第4章で述べる。

できるだけ母指は使わない。母指は手の受け身のパートナーとして用いる。過度の力を及ぼしたり、動きの間に緊張したりすることなく、なおも効果的に特殊な施術をする場合に、母指を用いることができる。この実施方法については、関連するテクニックの項で説明する。

リズムと速度　深い施術ほど、速度を遅くする。これは、力を一方的にかけるのではなく、抵抗に合わせてかけることを意図している。ストロークを急いだり雑にかけたりせず、筋の端から端まで同じリズムを維持して、ストロークの終わりに強くさすったりしない。1つのストロークから別のストロークへ滑らかに移行することで、患者の筋のリラクセーションを維持することができる。いつテクニックが変わったのか患者に気付かれないほどのリズムを維持する。

位置　施術している患者の身体部位は、方法の選択、ストローク、速度、方向および深さに反映される。例えば、胸部を施術するとき、動きの方向、手の位置、深さに関して特に制限はない。だが脚などを施術するときに比べて、患者の慎みを保つことを考える。以下を検討する。

- 女性患者の胸部を施術するときは、胸の上半分にタオルで境界を引き、そこより上を施術することで慎みを保つ。視線を胸部から常に逸らすようにする。手を置いて適切な方向に動くことも、患者の慎みを保つ上で重要である。
- 施術できる部位によって、セラピストの用いる身体部位が制限される（手か前腕か、など）。セラピストの手が大きく、施術部位が小さい場合は、さらに調整が必要である。手の母指と小指球ではなく指を用いるしかない。
- 軟部組織は非常に繊細である。従って、ゆっくりの速度で用いる必要がある。
- 大半の人は筋にそれほど厚みがない。従って、力をかけすぎることは問題となる。

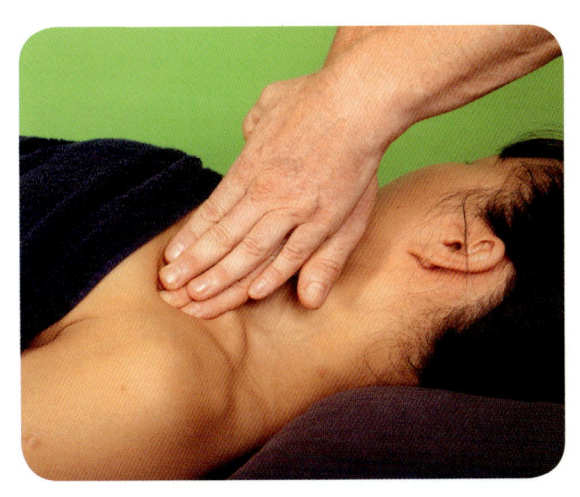

時間 治療に多くみられる誤りは、熱中しすぎることである。1回のセッションの時間をすべて固定する必要があると考えているセラピストがいる。だが、長くしすぎると組織は好ましい反応を示さない。短い方がよい。短ければ、組織の反応や忍容性の程度を測ることができる。

まず、一般的な方法でテクニックを適用し、組織が温まったら特殊な方法を使う。組織に変化を感じるまで、適切な範囲のテクニックをその部位に適用し、その変化が小さくても、その部位を全体にもみほぐして終わる。変化が現れるまで数分待つだけでよい。

他の考慮事項としては、患者の現在の健康状態と治癒の段階が挙げられる。治癒過程を遅らせるまたは妨げる可能性のある既存の疾患（糖尿病など）を有する患者については、短時間実施して、反応を観察してから、再評価し、時間、深さ、施術部位などを増やしていく。こうすることにより、患者のマッサージに対する忍容性と効果を判断することができる。

ヒント 適用のヒントを以下に示す。

- 見ないようにする。
- ゆっくりの方がよい。
- 浅くから始め、深い施術へと移行し、浅いストロークで終わる。
- 指を支える。
- 母指は使わない。
- 手を常にリラックスさせる。
- 全般的な方法で施術してから特定の施術に移行し、全般的なフラッシングストロークで終わる。
- リズミカルな動きを維持する。
- 一つのテクニックから次のテクニックへと滑らかに移行する。
- 下肢から動きを及ぼす。

一般に、マッサージはかなりの身体運動と労力を要するものだと誤解されている。第4章の原則を適用すれば、大半のマッサージは労力を要さない。

実践において、個々の要素とストロークは滑らかに継ぎ目なく移行する。初めのころは、違和感やつながりのなさを覚えるだろう。それぞれの要素を代わる代わる行い、確認し、再評価する。施術した人から正直なフィードバックをもらう。専門的なフィードバックを得たければ、マッサージのトレーニングを受けている人を探し、技術的なアドバイスを受けるとよい。また、マッサージを受けることもかなりの勉強になる。あなたが参考とし、質問できる何人かの人から、異なるタイプのマッサージを受ける。

臨床上の留意点

私の経験では、自分のストロークが下手だと感じるときや、いい感触が得られないときは必ず、患者も同じように感じている。マッサージは両者にとって心地の良いものでなければならない。セラピスト自身がいい感触を得られているときは、患者にとっても心地良い。

エフルラージュ（軽擦法）

　エフルラージュは、マッサージの開始と最後に行うテクニックである。目的と効果は幅広く、非常に用途の広い重要なテクニックである。エフルラージュは、反射的な作用として浅部に、より機械的な作用として深部にと、両方に適用できる。エフルラージュはローションを広げ、組織を温めるために行う。組織を落ち着かせ、生理学的にも精神的にもリラックスさせる効果を持ち、また、適用の速度次第では刺激することができる。浅部と深部の評価の基本的な形式の1つである。あるストロークから別のストロークへのつなぎとして用いられ、また、全身の血液循環とリンパ液の還流を促す方法として機能する。

ヒント エフルラージュの目的。

- テクニックの導入
- ウォーミングアップ
- ローションを広げる
- フラッシング
- 落ち着かせるかまたは刺激する
- ストロークをつなぐ
- 触診と評価

　エフルラージュを実施するためには、手をリラックスさせておく。堅くなっている場合は、手を振って柔らかくし、そのままの状態で身体に置き、動きの間この柔らかさを保つようにする。力は下肢から及ぼす。（適切な身体力学については、第4章を参照のこと。）エネルギーの大半を手の母指と小指球へと伝え、その後、指をわずかに緊張させる。母指は極力、他動性を保つ。ストロークの方向は基本的には縦方向で、心臓に向かって深く施術していき、その後ストロークをすぐに軽く戻す。このルールは、末梢部を施術する際に適用する。その他の方向としては、横方向と円方向が挙げられる。マッサージの間いつでも、エフルラージュに戻ってよい。深いエフルラージュストロークを行うには、圧力または脚からの力を増やす（本章の「深部ストローク」も参照）。

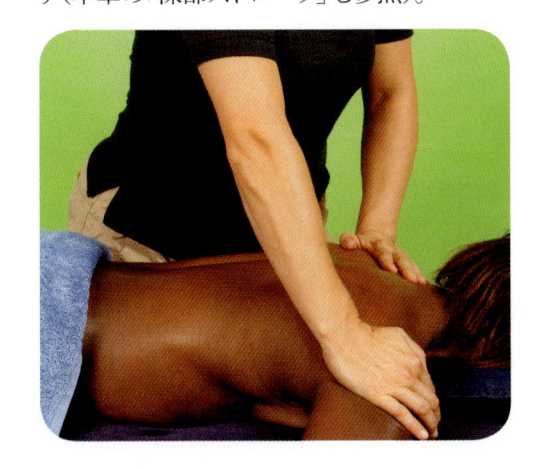

縦方向のエフルラージュストローク 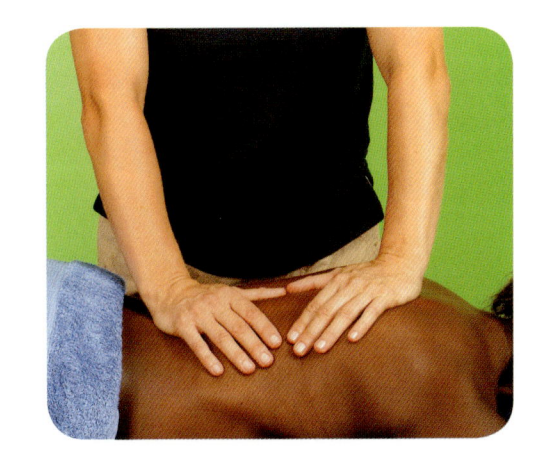　　　　　横方向のエフルラージュストローク

ペトリサージュ（揉捏法）

　ペトリサージュは、「ねり混ぜる」を意味するフランス語の "petrir" を語源とする。エフルラージュよりも深いストロークで、エフルラージュの後に行う。ニーディング、スキンローリング、リフティング、スクイジング、ストリッピングなどの動きが含まれる。エフルラージュと同様、ストロークの方向と圧力は様々である。

ヒント　ペトリサージュの目的。

- 深部ストローク
- 組織の分離、癒着をほぐす
- リラクゼーションまたは刺激

　ペトリサージュは、腕や手だけでなく、全身を使って動くことによりもっとも効果的に適用される。下肢の動き、腹筋を用いることにより、肩や腕に負荷がかからなくなる。様々な形態のペトリサージュを用いるとき、母指の使い過ぎは避ける。母指の使用は、フリクションや深部ストロークなどの特定の施術で必要となる場合のために多く用いられる。通常、母指は他動性を保ち、動きを通して誘導するよりむしろ補助的な役割を持つ。

　両腕で円の形を作り、肘は外側、腕は前に維持し、直立姿勢を保つ。対称の姿勢を取り、下肢を軽く左右に動かして、組織を反対の手に寄せる。下肢にこれと同じストロークを用いるには、腰を前後へ押したり引いたりして、縦方向ではなく横断面方向の運動を作り出す。方向は変えなければならないが、下肢の循環系に沿って施術を行ない、その流れに逆らわないこと。

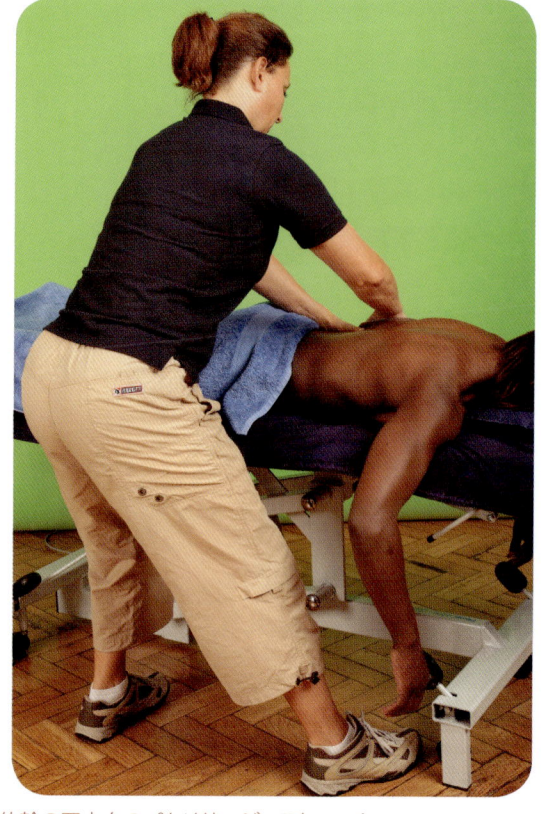

体幹の円方向のペトリサージュストローク

5　マッサージのテクニック

　片方の手を正中線に向かって圧迫する場合、反対方向から及ぼす手と同じ圧力でなければならない。そうでないと、患者の脚をマッサージベッドに押し付けることになる。代わりに、片方の手でストロークを適用しながら、もう片方の手で患者の下肢を保持してもよい。このテクニックを適用するときは、セラピストは広い足幅で対称的にスタンスをとるとよい。この姿勢では、体幹と股関節を用い、押し引き動作ができる。肩を使うと上背部をひねることになり負荷がかかるため、肩の使用は避ける。

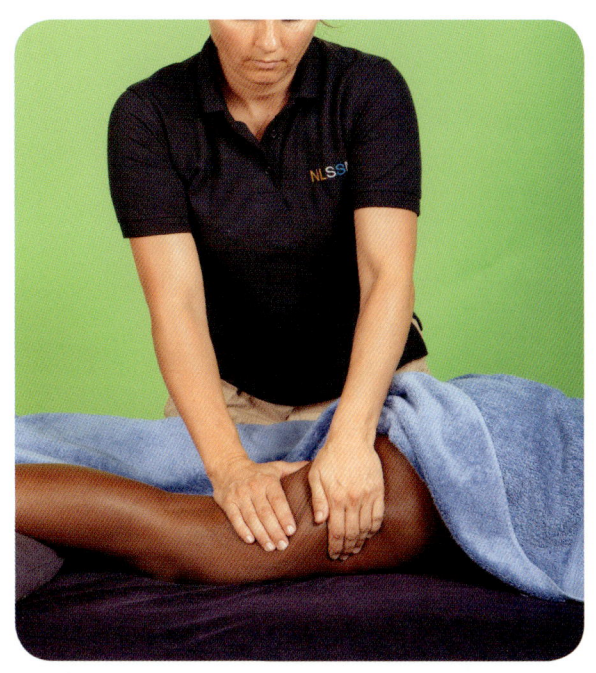

リンギング

　ニーディングは、パン生地をねるように行う。リフティング、スクイジング、円運動、縦方向運動など、様々な方法による組織のマニピュレーションで構成される。このテクニックは多様性があり、適用ルールがもっとも少ない。

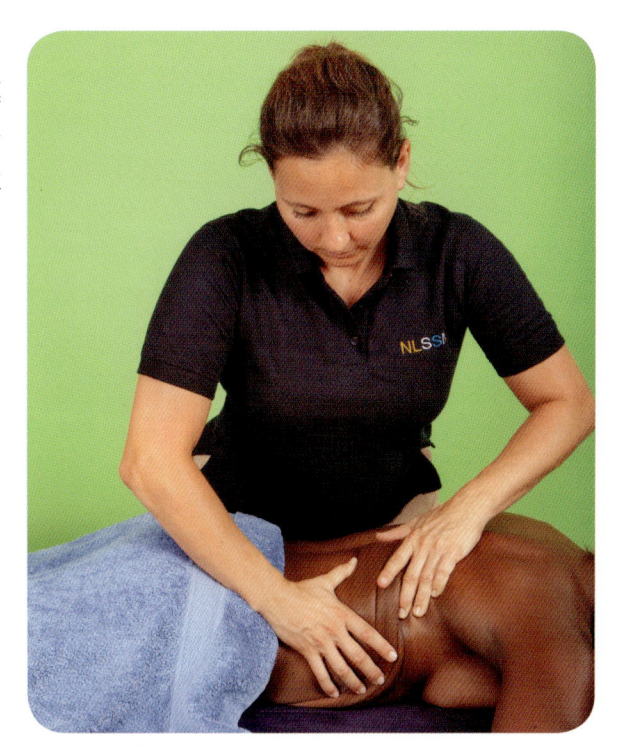

ニーディング

49

圧迫法

　圧迫法は、通常のマッサージ全体に用いられるだけでなく、筋を温め、血流を増大させるドライテクニック（潤滑剤を用いないテクニック）として、スポーツのイベントでも用いられる。また、衣服やタオルの上からも適用でき、アスリートが衣服を多く身に着けておりこれを脱ぐことができない場合に便利である。緊張している筋をリラックス深部ストロークの適用後に用いることができる。圧迫法は、スポンジの作用に似ている。スクイジングによって体液を押し出し、リリーシングによって体液を吸引する。このポンプ作用により組織をもみほぐす。

> **ヒント**　圧迫法の目的。
>
> - ドライテクニック
> - ウォーミングアップ
> - フラッシング
> - 過緊張筋の非活性化
> - 他の受容器の刺激化
> - 筋痙縮の非活性化

　圧迫は約45度の角度で適用する。そうすることで軟部組織を骨に押し付けることなく快適な圧をかけ、これをリリースすることができる。深さは目的（浅部vs深部）と施術部位によって異なる。例えば、臀筋は深くて強いため、強い力に対して忍容性を示すが、腕はあまり忍容性を示さない。より浅部を施術するには、足から伝わる圧力を小さくし、ストロークの角度を小さくする。臀筋はこのテクニックを適用するもっとも深い最大の筋であり、かなりの圧力をかけることができるが、患者の快適性を常に確認する。深部圧迫の1つの方法は、握り拳を用いてテクニックを適用することである。手首が腕とアラインメントを成すこと。もう片方の手を使って手首を補強し、動きをコントロールすることができる。セラピストは必ず、体幹と上肢のアラインメントを通して、下肢から力を及ぼすこと。

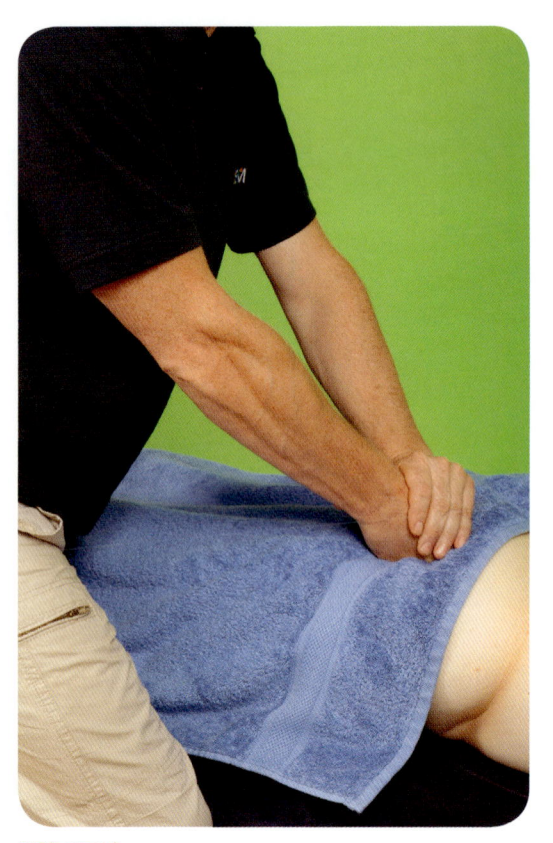

臀筋の圧迫

様々な肢位を用いて、筋を骨から離してスクイジングおよびリフティングできる。例えば、直立でベッドに座る。肘を外に出し、手のかかとを使って、ふくらはぎの筋を骨から離すように圧迫する。血流は心臓へと向かっているので、膝の方向へ向かって押し、リリースする。この肢位は、セラピストと患者の体格が同程度である場合のみ適している。肩に患者の足をのせるために前屈みになってしまう場合は、別の適用方法を選択する。片方の手がもう片方の手の方へ押していることと、手が骨の役割を果たして動きにおける反作用力となるために組織が圧縮されることを、この種類のスクイジングとリフティングを行うことにより認識する。

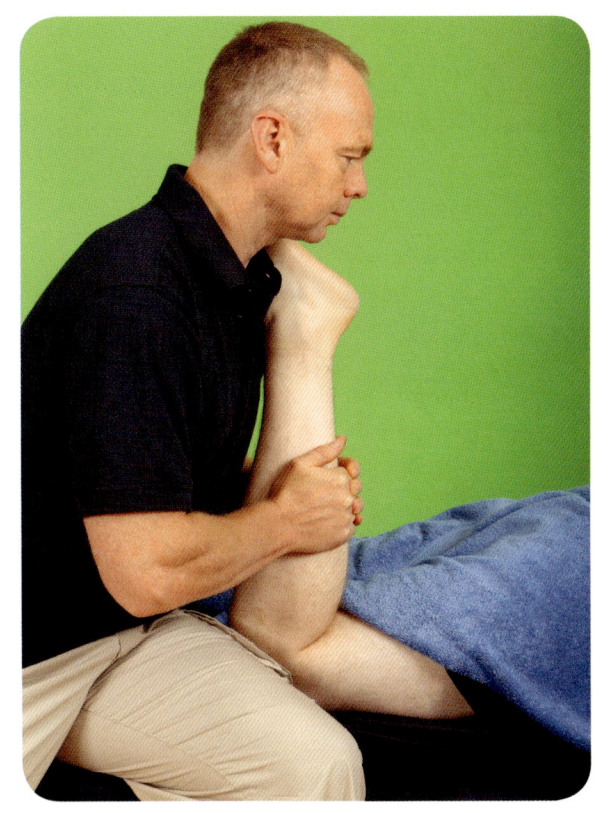

腓腹筋を骨から離す。

深部ストローク

深部ストロークは、ディープエフルラージュやディープペトリサージュの動きとして分類できる。多くの人が、深部ストロークを適用するには手や腕を強く押し当てなければならない、と誤解している。私の患者はたいてい、私が実際より力が強いのだと思っている。実際には、身体を使ってより深い施術を労なく適用する方法を身につけたに過ぎないのだが。ここで、第4章の内容をもう一度述べる。より深くより強く施術するために母指や肘を使うと雑で乱暴に感じられるので、そうではなく、全身を使ってストロークを適用する必要がある。深部ストロークを適用するときはいつでも、動きのコントロールを維持し、組織と協働して施術しなければならない。深い施術ほど、ゆっくりと行う。

ヒント 深部ストロークの目的。

- 筋膜組織の分離
- 癒着の改善
- 組織の再構築
- 強く可動性のある組織を作る

ストロークは、セラピストの両前腕を前方に置いて、両下肢を用いてコントロールされる（第4章「身体力学」を参照）。場合によっては、身体を傾け、動きの方向に力を及ぼすが、筋を押しつぶし、骨にも圧が加わり、不快感を及ぼす場合がある。

　いかなる場合も、関節が過剰可動性であれば特に、指で補強することが重要である。そうすることによって指を保護し、マッサージセラピストとしてのキャリアを伸ばす。他の指を用いるかまたは手のかかとを適用することで指を補助することができる。母指を用いるときも同様である。手のどの部位を用いるかに関わらず、患者に接触させる手は常にリラックスさせる。力は上側の手から伝え、ストロークの力は下肢から及ぼす。詳しくは第4章を参照のこと。

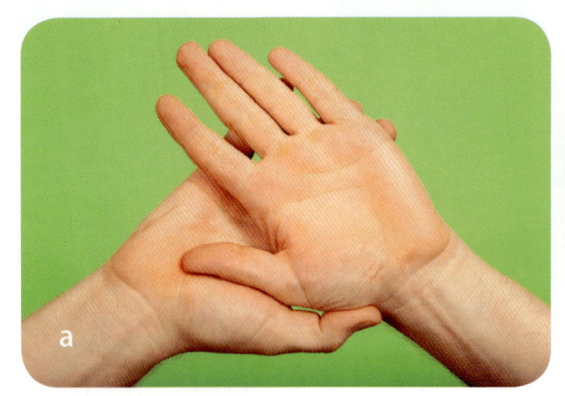

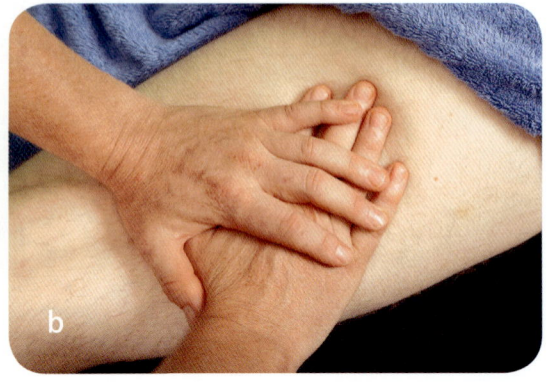

(a) 母指の補強。

(b) 患者に補強した母指をのせる

　このように補強された母指を使うため、母指は反対の手の掌に置き、そのまま手を裏返して患者にのせる。上側の手は力を及ぼし、患者と接触している下側の手はリラックスさせる。下側の手が堅くなり母指がナイフのように感じられる場合は、意識的に緩め、柔らかさを保つ。

　楽に効率よくストロークを施すコツは、肘を股関節に置き、前方へ動くときに力を股関節から及ぼすことである。従って、腕が身体に接触していないと気づいたら、ストロークの労力が腕に移動し、股関節から離れてしまっている。股関節に接触させないと腕、肩、背中に負荷がかかるが、肘を股関節に置き支えることでストロークが楽になる。そうすることで非常に長いストロークが可能になるので、ゆっくりとストロークをかけ、患者の快適性を判断するために患者をチェックすることを忘れないようにする。

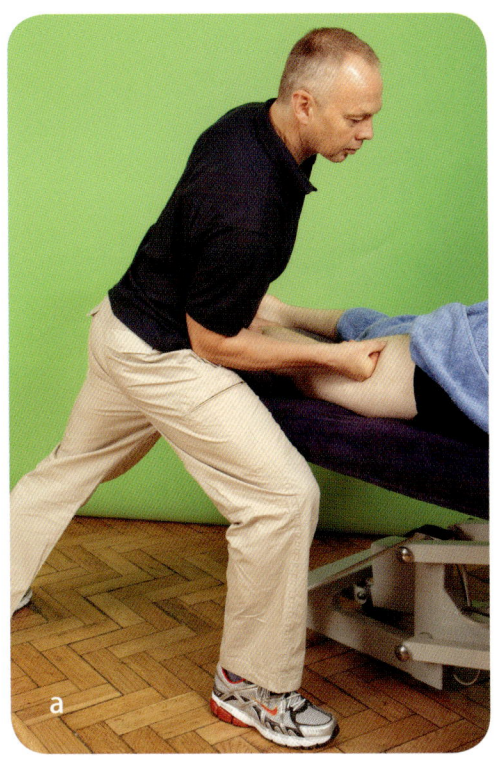

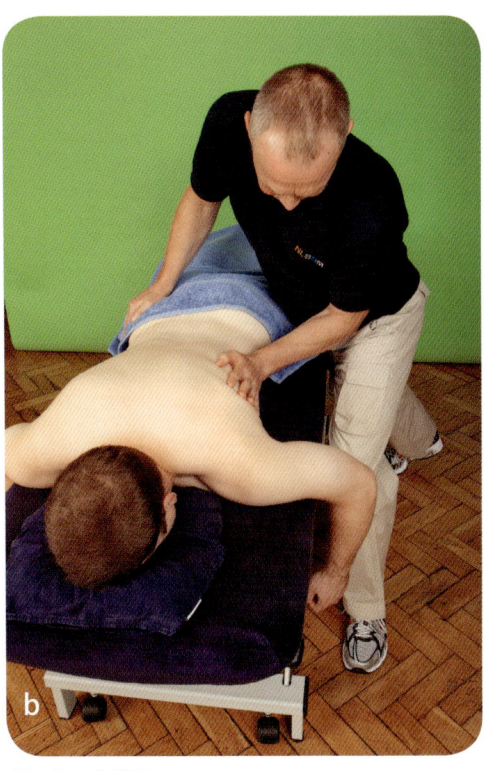

(a) 握り拳　　　　　　　　　　　　　　　　　　　　(b) 手の手掌面

　握り拳または手の手掌面を用いるときはいつでも、身体の角度を45度にする。こうすることで、組織を骨に押し付けるのではなく、組織を骨に沿って動かすことができる。

臨床上の留意点

肘を股関節に置きストロークするとき、セラピストは前に出すぎる傾向がある。膝が足の先端から前に出て、膝に負荷をかけてしまう。また、腕が身体から離れてしまって一貫性が損なわれ、肩や腕に負荷をかける傾向もある。足を地面に固定してしまうのではなく、マッサージを終了するさいにはむしろ移動し姿勢を変える方がよい。

手掌は指に負荷をかけずに組織へと圧力を伝える中心部である。指はリラックスさせたまま組織に触れておく。硬くではなく柔らかく維持する。指は動きにも用いられるが、手掌の動きについていく方がよい。その場合、手掌面が先導することとなる。脚の筋全体のストロークを終了するためには、指は外側に向けたまま元の場所に戻さないようにする。腕を円形にすると、脚をどの方向にしていても、指は自動的に正しい向きになる。

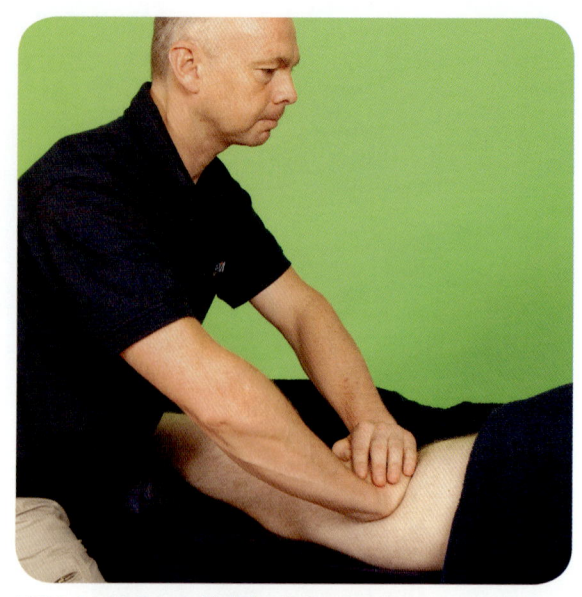

補強した手を用いた縦方向の深部ストローク

　肘を使う場合は必ず、肘の精密さと強さで扱える筋の深さであること。生徒は最初必ず、何も感じられないとコメントするが、肘を使ううちに感受性は増す。従って最初は、強いとはいっても柔らかさを維持するよう注意して用いる。非侵襲的な方法を維持していることを即座に確認するには、手と手首を確実にリラックスさせることである。そうすることで腕全体に力が伝わって、不要な力を防ぐことができる。体幹と足のアラインメントを維持するため、足幅を広くとって身体を低くする。これにより、腰部を保護し、骨を直接圧迫することなく適切な深部ストロークを適用できる。反対側の手の母指と人差し指の間を肘の周りにあてることで、保護するだけでなくコントロールしやすくなる。

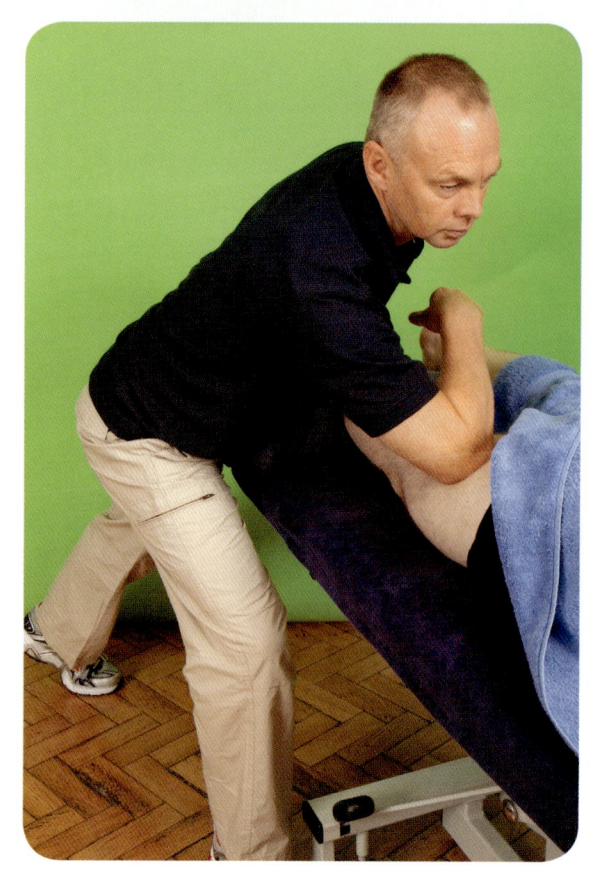

肘を用いた深部ストローク

臨床上の留意点

腕がリラックスしているか否かをチェックする簡単な方法は、手と手首の状態を見ることである。Swan's movement（白鳥のような動作）がどれほど柔軟かどうかを目で確かめる。手首を白鳥の首と頭のような形にし柔らかく維持する。こうすることで、深くかつ滑らかに組織の上を動くことができる。

前腕を用いることは、大半の身体部位においては有用だが、背部に適用する際には注意を要する。骨突起部、特に脊椎に注意しなければならない。前腕の軟部組織の部分を用いるようにし、椎骨に圧力をかけないようにする。肩甲骨の辺りまで来たら、腕の方向を変え、骨に直接圧力をかけない。体幹で前腕を用いるときは、前腕の中で筋量の多い部位を用いてストロークを適用する。腕は前に維持し、動きと一直線というよりも組織を押して、肋骨に向い筋を圧迫する。腕の角度は、手が肘より少し低くなるようにする。こうすることで、肘が上がり、脊椎の骨棘部に圧が加わるのを防ぐ。

特殊な部位に直接施術するときに考慮すべき2つの点がある。まず、組織を骨に直接押し付け、患者に不快感を及ぼしていないかを検討する。2つ目に、手首の施術角度を検討する。90度に近づくほど、関節への負荷が大きくなる。この肢位で施術するときそうすることが必要な場合もあるが、通常の施術では推奨されない。腕は伸展させておく。この肢位では通常、動きの間、床に向かって体重を落とすようにすることが力を生成する上で効率的である。手の下にある患者の構造に注意し、患者が負荷に苦しんでいないかを確認する。

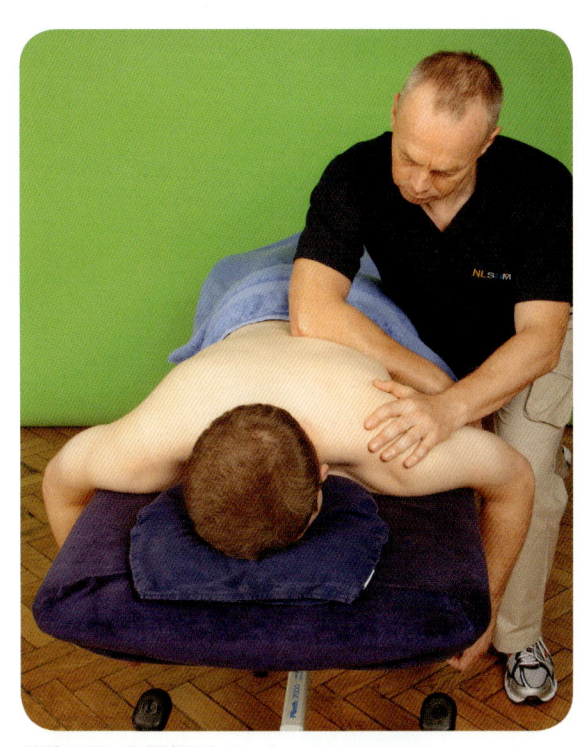

前腕を用いた深部ストローク

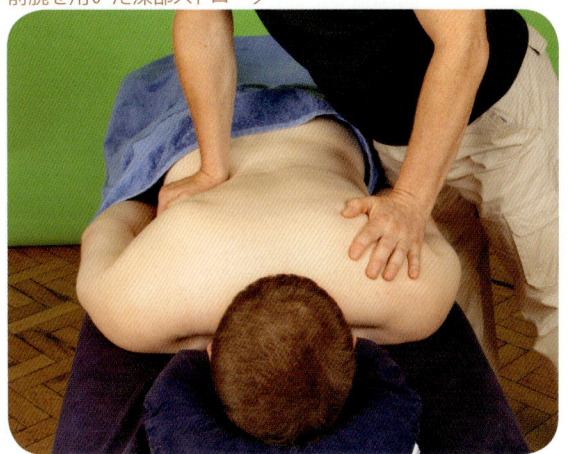

組織を直接施術

腕を伸ばした状態で、施術している側と反対側に置く。腕を伸ばして両股関節から動きを及ぼすことが重要であり、これにより、滑らかで深いまたは浅いストロークを楽にかけることができる。必要に応じて、手を平らにするか指を添えることで、特別にまたは広く修正することができる。体幹、肩、脚および股関節で用いることができ、心地良く感じられる。片方の手をもう片方の手の上に置いて施術している身体部位の形状に沿わせ、腕を伸展して肩をリラックスさせ、幅広い非対称のスタンスで、両股関節を使って後ろへ引く。セラピストが椅子に座る場合は、両股関節で先導することが必要になる。このテクニックは、体幹全体に適用できる。

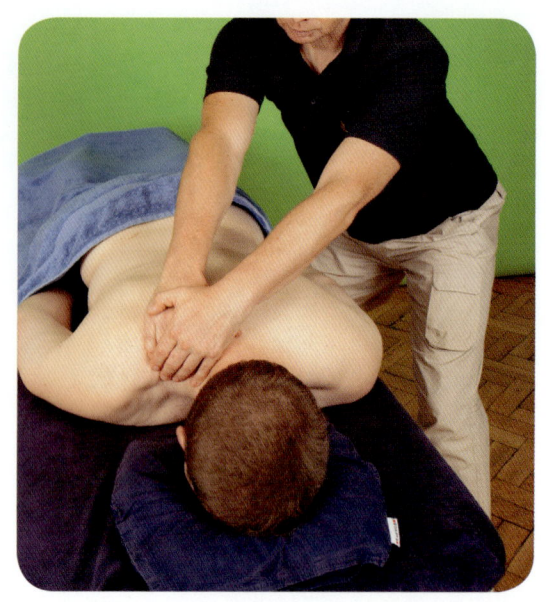

伸展した腕を用いた深部ストローク。腰を後ろへ引いていることに注意。

ヒント 動きの終わりに肩の筋がピクッと動く場合は、速度を遅め、ストロークの終わりに圧力を軽くする。

バイブレーション（振戦法）

　従来、バイブレーションの適用には、筋への神経インパルスの速度に合わせた速い動きが含まれる。神経インパルスの速度は、関節や他の構造（全身を含む）への損傷のリスクを増大させずに再生するには速すぎるため、受ける側の構造の能力に合ったリズム速度を用いることが最も望ましい。バイブレーションは、イベントの際やマッサージセッションの間に用いることができる。適用する力次第で筋を弛緩または刺激することができる。浅くまたは深く、優しくまたは強く適用できる。力強い動きをする場合は必ず、関節を保護する。しっかりと握る必要がある場合、ローションを用いる場合は特に、タオルの上から行う。

ヒント バイブレーションの目的。

- ドライテクニック
- 過緊張筋の軽減
- 刺激

バイブレーションの動きを適用する間、リラックス状態を保つことが重要である。少しでも緊張すると、それがテクニックに伝わり、動きがぎくしゃくして固くなる。マッサージはセラピストと患者の双方に、流れるようなリズミカルな動きが感じられなければならない。

　患者を腹臥位にして、患者の脚を曲げかかとにセラピストの手を置く。この肢位では、患者のかかとを持ちながら片方の手で組織を動かすか、または、かかとにのせた手を使って脚をリズミカルに軽く前後に動かすことができる。この肢位でこのテクニックを適用するコツは、無理に筋を動かすのではなく、左右に楽に動くよう促すことである。

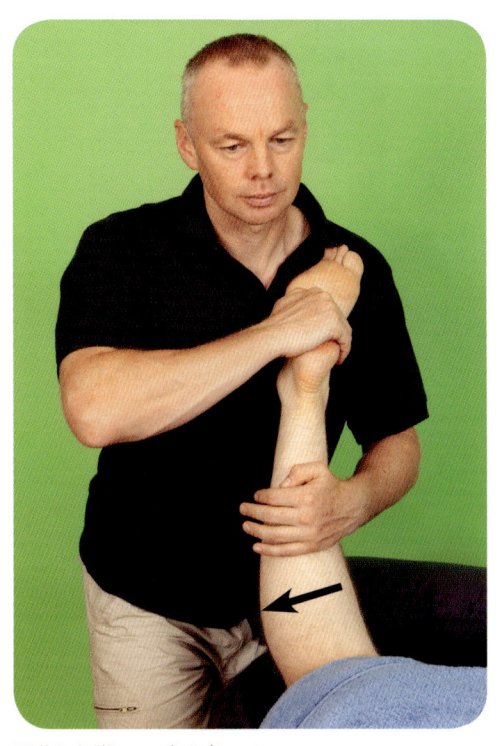

屈曲した脚でのバイブレーション

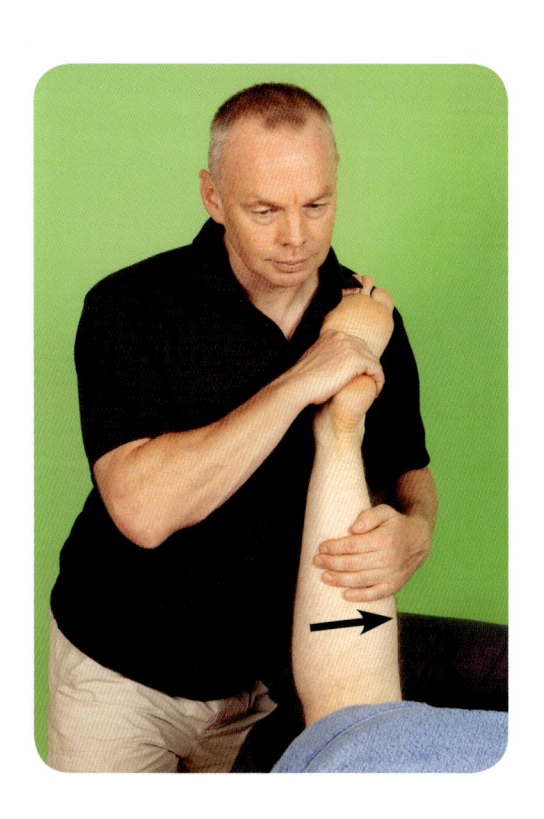

臨床上の留意点

　バイブレーション運動のすべてのテクニックにおいて、リラックスした動きを維持しつつある程度の深さとコントロールが必要とされる。軽くまたは深く適用することができ、重要なポイントは動きをコントロールして限られた範囲内に維持することである。これは花瓶の中で水が前後に動くのと似ている。これをコントロールすることは簡単にみえる。組織がさらに外に動かないように手を構えることで、コントロールされた環境が実感でき、組織をリラックスさせることができる。

背中の大きい筋群に掌を置き、上下左右にゆする（または回す）。このテクニックは、浅部の組織に軽く、または、層を寄せ集めることによって深く適用できる。他のテクニックでも同じ原則が適用される。すなわち、深く施術するほど動きをゆっくりとする。

　腕に施術するときは、この運動が肘関節に影響することを認識する。腕の片側に手を置き、腕を下に動かしながら前から後ろに組織を回す。これは手の中で粘土をこね回し、長いロープ状のものを作るのに似ている。回しすぎないこと。また、関節に負荷がかかっていることを示唆する音や感覚があれば、適用の速度または深さを変えるか、別のテクニックを選択する。

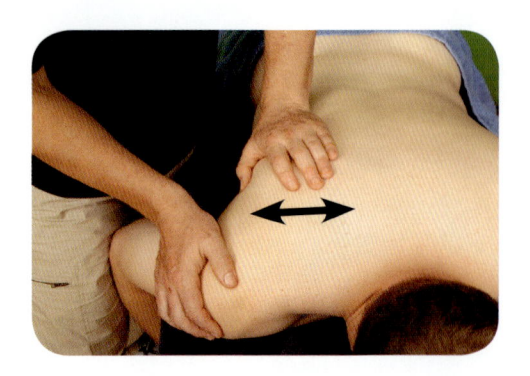

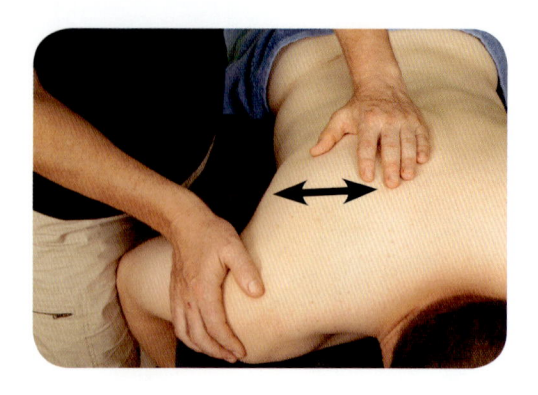

背部へのバイブレーション

注意　ひざまずくことに問題がある場合は、この姿勢は適さない。快適で安定した姿勢をとること。

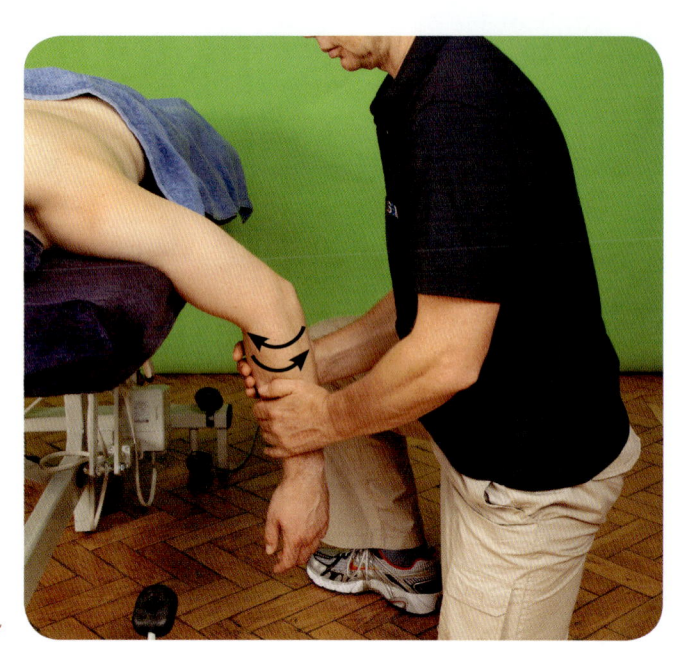

上肢へのバイブレーション

タポートメント（叩打法）

　タポートメントは、「軽く叩く、トントン叩く、こつこつと叩く」を意味するフランス語の"tapoter"を語源とする。太鼓を叩くことを連想してみるとよい。太鼓と同様、このテクニックには協調とリズムを要する。目的に応じて、柔らかくまたは強く、速くまたは遅く適用できる。これも潤滑剤を必要としないドライテクニックである。イベントでの施術などいくつかの状況で使用できるが、嚢胞性線維症や喘息患者など、呼吸困難を有する患者にも用いられる。こうした状況において、タポートメントは胸部の体液滞留を分散させる働きをする。

ヒント　タポートメントの目的。

- リラクゼーション
- 刺激
- 筋張力の強化
- 筋収縮の刺激
- ドライテクニック
- 肺への体液滞留の改善
- 感覚受容器の刺激

　このテクニックを適用するコツは、直立姿勢を保ち、腕をリラックスさせることである。柔らかさを維持し、脚と腕を90度曲げることで、強くまたは優しく必要な力をコントロールできる。様々な状況に様々なタポートメント法が適する。例えば、テクニックをより拡散して適用した場合は、カッピングが適している。

　タポートメントを用いるとき、脊椎などの骨棘部の上を直接打たない。腎臓の辺りを施術するとき、および、月経周期の過敏な時期の患者の腰周辺を施術するときは注意する。注意すべき他の敏感な部位は、膝の裏である。場所を絶えず変え、同じ場所を何度も叩かないようにし、規則性を守り、接触部位を離しすぎない。

　タポートメントテクニックの例をいくつか以下に示す。これらのテクニックは誰にでも容易というわけではない。自分に合うものを選び、他のものについては時間をかけて練習する。

ハッキング　ハッキングは、指と手首は柔らかくしたまま、手の内縁を用いて適用することにより、指で組織を打つ。硬い音がする場合はセラピストの指の使い方が硬くなっているのである。音が素早く連続して聞こえるよう、指をリラックスさせる。

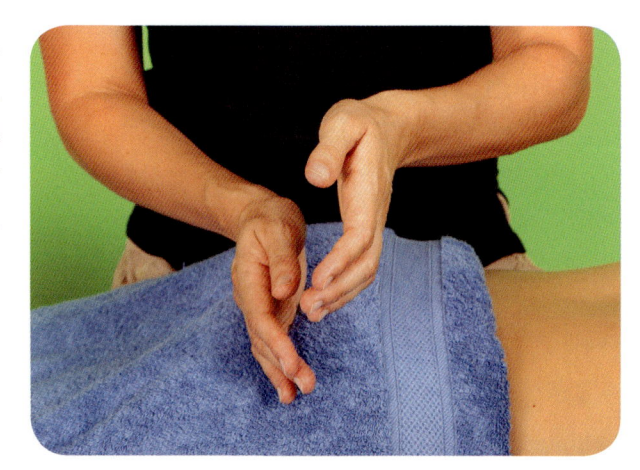

ハッキング

祈りの手（prayer） このテクニックのコツは、肘を外側に出し、手の両手掌面を押し合わせて、指をリラックスさせることである。ハッキングと同様、音が硬くなく、リズミカルに鳴らなければならない。

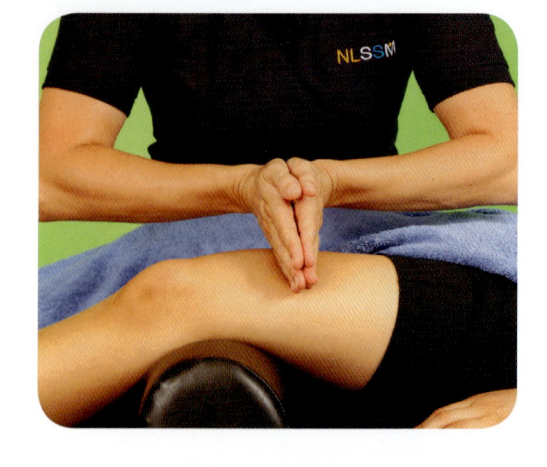

祈りの手

カッピング 手をカップの形にするには、水をすくおうとするように両手をつけてから離して裏向けにし、その形を維持する。堅くしすぎずにこの形を保つ。ポンポンという音ではなく、こもったような音がする。

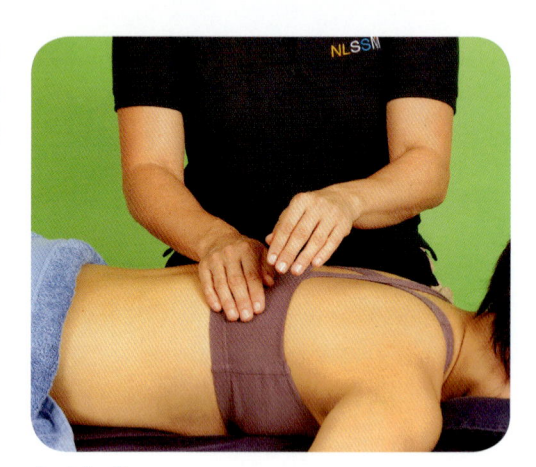

カッピング

フグ（puffer） フグの手のテクニックを適用するには、手をカッピングの形にしてから、豆の鞘の形を作るように掌同士を向けて重ねる。両手を合わせたときに内側に空間を維持し、完全に崩れない程度に手をやや柔らかくするとよい。手の間から空気が逃げるような音がする。正しい音を鳴らし手をコントロールするのは難しい。手を合わせるときに形が崩れすぎる、手が硬すぎる、手が離れすぎるのは、典型的な誤りの例である。

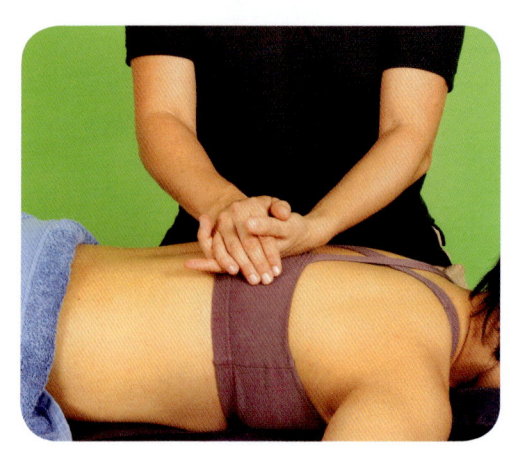

フグ

タッピング タッピングはすべてのタポートメントストロークの中で最も軽い。指の腹で軽く打つ音が鳴るだけである。

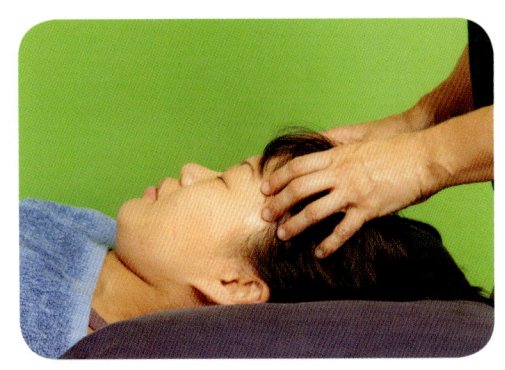

タッピング

フリクション（強擦法）

　フリクションの主な目的の1つは、筋膜の癒着および瘢痕組織をほぐし、相互に身動きの取れなくなった組織の動きを刺激することである。フリクションは、浅部、深部、適度なストロークを適用することで組織の分離と伸張を促す。また、筋組織も分離する。これにより筋への循環とその部位の動きが高まり、強く可動性のある組織を促すため、機能回復がもたらされる。注意事項および禁忌としては、脆い皮膚、近隣者の感染症、最近の瘢痕組織および感覚低下（糖尿病など）である。

ヒント フリクションの目的。

- 緊張した組織を緩める
- 癒着および瘢痕組織をほぐす
- 強く可動性のある組織を構築する
- 組織の再組成
- 軟部組織の最適な修復を促す
- 損傷組織の正常化

従来的な意味においては、「フリクション」とは熱を起こすために2つの面をこすり合せることを意味する。これは摩擦の作用である。フリクションは、浅部で適用されるときは速く用いられるが、深部で施術するときは修正が必要となる。速度を遅め、組織を圧迫して「溶かし」、注意深く動かすことによってさらに意義のある変化をもたらす。

　母指、指、指関節および肘が通常用いられる。母指が曲がりやすい場合は、関節に負荷がかかるため使用を避け、より快適な方法を選択する（母指または指の補強など）。母指が過伸展するか否かを確かめるには、「OK」を示すように母指を突き立ててみる。指が後ろに反る場合は、別の方法を用いる。母指が大きく湾曲した図（62ページの写真）の右側のような状態になる場合は、できる限り母指は使わない方がよい。望ましい位置に維持できないため、関節の損傷リスクが高くなるためである。このため、セラピストとしてのキャリアをスタートさせる初めの時点から、深い特殊なストロークの適用において別の方法を選択することをお勧めする。

正常な母指と過伸展した母指

ヒント　伸展したときに真っ直ぐな位置よりも後ろに曲がる場合は、特に、母指1本での使用は最小限にする。1本の母指は非常に局所的な施術や、大きくはないが深部に施術する必要がある筋に用いることがもっとも望ましい。好ましい方法としては、母指を補強して用いることである。こうすることにより、関節に張りや歪みを及ぼすことなく、特定の部位をピンポイントで施術することができる。

　補強した母指でのテクニックを用いるには、患者の身体に母指を立てた手を置く。この手と母指は他動的、すなわち、張力を及ぼさない状態を維持する。次に、もう片方の掌を母指を守るように置く。動きの圧力は上側の手から及ぼし、力は脚の向きにする、より局所的にしたい場合は、手の下で母指をわずかに屈曲する（関節が耐えられる場合）。手に不快感または負荷を覚える場合は、テクニックが正しく適用できていないかまたは自分に合っていない。

　他動または自動フリクションテクニックのいずれかを用いることができる。患者がリラックスしており、セラピスト主導で動きを始めるときは、動きは他動的である。自動的な動きでは、患者が動きをコントロールしている。他動テクニックは、セラピストが動きをコントロールでき、かつ正確である。また、組織への損傷を及ぼし得るコントロール外の動きを防ぐ。患者が自動で動く前に他動的にテクニックを実施することによって、予測通りの施術ができる。患者に自動で動くよう指示することで、セラピストの手が空くため、その手を施術に使うことができる。

　フリクションテクニックの深さは、施術する身体部位、意図（浅くまたは深く）、および患者の組織の耐容性によって決まる。大殿筋の施術と胸部の施術の違いは、組織の深さによって示される。大きい筋ほど深く施術する必要があるが、さらに重要なことは正しい身体部位を使って正しくテクニックを適用することである。大きい筋では肘を選択できるが、浅部の筋（肩甲骨周辺の筋など）では補強した指を選択する。疼痛に対する患者の忍容性と、圧力をかけすぎていないかを評価することも同様に重要である。疼痛に

関する詳細は、第9章「患者の評価」の「疼痛評価」の項を参照されたい。

　深部ストロークを適用する場合と同じ方法で、同じ身体部位を用いてフリクションを適用でき、また同じ適用の原則に従う。主な違いは、深部ストロークは筋の端から端まで、または筋を横断して動くテクニックであるのに対し、フリクションは緊張のある組織をほぐすために一定の場所で行うことである。横方向、縦方向または円状に適用することを選択して、線維の軟化とアライメントの再構築を促すことができる。本章の深部ストロークの項でも触れたように、様々な身体部位を用いることができる。どれを選択するにせよ、必ず、エフルラージュ、ペトリサージュ、バイブレーションなどの全身的なテクニックで部位をもみほぐしおよびリラックスさせておくこと。

フリクションの適用を成功させる10のヒント

1. まず組織を温める。
2. 患者をリラックスした姿勢にする。
3. 骨を強く圧迫しない。
4. 速度を確認する。速すぎないこと。
5. クライアントからフィードバックを得る。
6. 呼吸テクニックを用いてリラクゼーションを促す。
7. 特定の部位を過度に施術しない。
8. フラッシングテクニックと併用する。
9. 氷療法を用いる(任意)
10. 自身のテクニックを確認する。指に過度の負荷をかけない。

表5.1 マッサージテクニックの要約

ストローク	目的	効果	特別な禁忌
エフルラージュ	■組織を温める ■タッチの導入 ■患者をリラックスさせる ■ローションを広げる ■組織の触診と評価を可能にする ■フラッシング ■つなぎのテクニック	■動脈、静脈、リンパの循環を促す ■細胞の代謝を高める ■筋緊張をほぐす ■疼痛を軽減する ■虚血を軽減する	
ペトリサージュ	■筋を弛緩させ全身の緊張をほぐす ■深部ストロークを及ぼす ■組織を分離する（筋膜の癒着、瘢痕組織など）	■循環を高める ■皮脂腺活動を刺激し、皮膚を柔らかくする ■疼痛を緩和する	

(続く)

表5.1（続き）

ストローク	目的	効果	特別な禁忌
圧迫	■温め、血行促進およびリラクゼーション ■深部ストロークを用いるときに緊張亢進を非活性化する ■筋痙縮を軽減する ■イベント時のドライテクニックとして使用できる ■他の組織の感覚器に影響を及ぼす	■循環を高める ■熱を高める ■疼痛を軽減する	■緩んだ関節 ■過度の圧迫 ■脆弱な骨疾患（重度の骨粗鬆症など）
深部ストローク	■組織、筋膜を分離する ■癒着をほぐす ■組織を再整列する ■強く可動性のある組織を促す	■循環を高める ■動きを高める	
バイブレーション	■温める ■筋を刺激する ■患者をリラックスさせる ■イベント時のドライテクニックとして使用できる ■筋の緊張亢進を軽減する	■組織の温度を上げる ■疼痛感覚を軽減する ■循環を高める	■過度のバイブレーション ■脆弱な骨疾患（重度の骨粗鬆症など） ■過度の関節の運動 ■妊娠や過剰可動性により緩んだ関節
タポートメント	■感覚受容器を刺激する ■ウォーミングアップ（軽い適用）として使用できる ■患者をリラックスさせる ■イベント時のドライテクニックとして使用できる ■緊張力を強化する ■肺への体液滞留を解消する ■筋収縮を刺激する	■循環を高める	■筋痙縮または痙攣 ■筋委縮 ■骨部位 ■妊娠 ■腎臓や腰のあたりの強いタポートメント ■重度の骨粗鬆症
フリクション	■張った組織を緩める ■筋膜癒着と瘢痕組織をほぐす ■組織を再整列し、強い結合を構築する ■損傷組織の最適な修復と正常化を促す	■循環を高める ■組織の温度を上げる	■血腫 ■骨化性筋炎（石灰化） ■急性損傷 ■脆い皮膚 ■近隣者の感染症 ■最近の瘢痕組織 ■感覚の低下

終わりに

　本章で紹介したすべてのテクニックは重要な基礎を築くものだが、決してこれらの適用方法やスタイルに制限はない。経験するうちに、独自のスタイルを確立し、様々な方法を試し、テクニックを応用したりあるいは他と組み合わせたりすればよい。私はこれまで、マッサージをする人や受ける人を観察し、多くのことを学んだ。その結果、自分独自の方法を確立したのである。テクニックが安全で心地良く効果的であれば、提供しているマッサージは正しいものであり、患者はまた訪れてくれるだろう。

問 題 (解答p.158)

1. マッサージストロークを浅くから始めなければならないのはなぜか？
2. 最初のウォーミングアップのテクニックとして用いることができるテクニックは何か？
3. フリクションを用いるときに考慮しなければならない4つの禁忌と注意事項は何か？
4. タポートメントを適用する前に考慮すべきことは何か？
5. 深い施術ほど、＿＿＿＿＿＿＿＿と行う。

パートⅢ

スポーツマッサージの実施

　多くの人が、マッサージには「腹臥位」か「背臥位」かの2つの肢位しかない、という先入観をもっている。だが従来のマッサージセラピストとは異なり、スポーツマッサージのセラピストは筋により効果的に触れるため頻繁に患者の肢位を変える。従って、トレーニングを開始するときは、患者を動かす快適な方法を学ぶ必要がある。第4章「身体力学」、第5章「マッサージテクニック」を再度読むことをお勧めする。それぞれの肢位で施術する間に快適で力を出しやすい姿勢を学習できる。

　パートⅢの各章では、腹臥位、背臥位、側臥位、座位における高度な施術について扱う。様々なストロークを効果的に適用するためのマッサージベッドの使い方を学習する。姿勢と患者の管理の重要性に重点を置く。これは、高度な軟部組織テクニックの基礎をなすものである。説明した内容を一目で理解できるよう写真で一例を示すが、チューターからの実践的な指示を優先されたい。チューターは経験や知識を共有でき、あなたの気づかないテクニックと患者の肢位の調整を行う上で欠かせない存在である。

　各章で、患者の肢位、施術者の姿勢、両者に安全な適用の特徴を説明する。ヒントでは、安全で効率的な姿勢の理解を強化するための自己チェックの方法について示唆する。これらの章ではできるだけ、各肢位およびテクニックについて完全に説明しているが、独自の方法を確立できる余地は残されている。テクニックの実施に快適性を感じられない時はいつでも、自分の状態を再確認し、自然であると感じられ負荷がかからなくなるまで調整する。

腹臥位での
スポーツマッサージ

　腹臥位は、マッサージベッドにうつ伏せになるかまたはマッサージチェアの背もたれに顔を向けて座るかした人を表現するために用いられる用語である。ほとんどの形態のマッサージでは、腹臥位が基本の患者の肢位であると考えられているが、スポーツマッサージでは、腹臥位は多くの肢位のうちの1つである。腹臥位は、後部の筋および身体の肢部を扱う場合に便利である。身体の大半の部位に達するのは容易だが、制約を考慮しなければならない。例えばこの肢位では、組織に下向きに施術するが、目的筋の深さまたは位置から考えてこれが最適な方法ではない場合がある。他のすべての可能性を常に考え、状況に最適な肢位を選択すること。多くの部位では、腹臥位が患者にとって楽であり、リラックスと安静に役立つ場合が多い。

ヒント　常に患者に対して適応性と反応性を備え、いつも患者を腹臥位にしてマッサージを始めるということはしない。他の選択肢が利用できるか、患者のニーズに最適な肢位はどれか、患者をうつ伏せにして始めるという癖や習慣ではなく、治療の目的を考慮すること。

　患者に何らかの肢位を取らせるとき、患者の快適性と患者の関節の保護を確保する。肢部を支え楽にするよう、枕やクッションを置く。患者のニーズによって、足首、腰、胸または肩の下に置くことが考えられる。

- 足首の下に支えを置くことにより、足の過度の底屈を防ぐことができる。クッションは膝から離し、足全体を支えて置く。下肢に負荷がかかるときに動けるよう、クッションは柔らかいものを用いる。
- 腰に何らかの既往歴や問題がある場合は、骨盤と腰の下に枕を置く。
- 胸の大きな患者の場合、肋骨の下に枕を置くと快適になる。
- 外転した肩を支えるには、小さいクッション2枚またはタオルを下に敷く。
- マッサージベッドのフェイスホールが不快であるかまたは硬いときは、フェイスクッションを用いて解決する。

次ページに、患者を腹臥位にしたときの様々な身体部位におけるスポーツマッサージの適用について詳しく説明する。これらの部位に適切なテクニックを選択する。例えば、頸部のタポートメントはよい選択とは言えないが、頸椎片側の縦方向の優しいエフルラージュは好ましい。

ヒント 患者が支えられ快適であると感じているかどうか、患者からフィードバックを得る。多くの患者は、尋ねられるまでは不快であることを口に出さない。

頸部を施術するときは、患者がこの部位の施術を禁止すべき状態であるか否かを判断することが重要である。身体の中でも敏感な部位であり、注意して扱う必要がある。圧力は優しく、施術はゆっくりと、徐々に深部に進むこと。患者の不快感の徴候を観察する。

頸部のマッサージテクニック1

　頸椎の片側に、片方の手を置き、もう片方の手の指の腹を重ね、頸椎部棘突起から離れるようにエフルラージュを均等に適用し、筋を横方向に移動する。代わりのストロークとしては、後頭骨または肩の方へ縦方向に施術する。

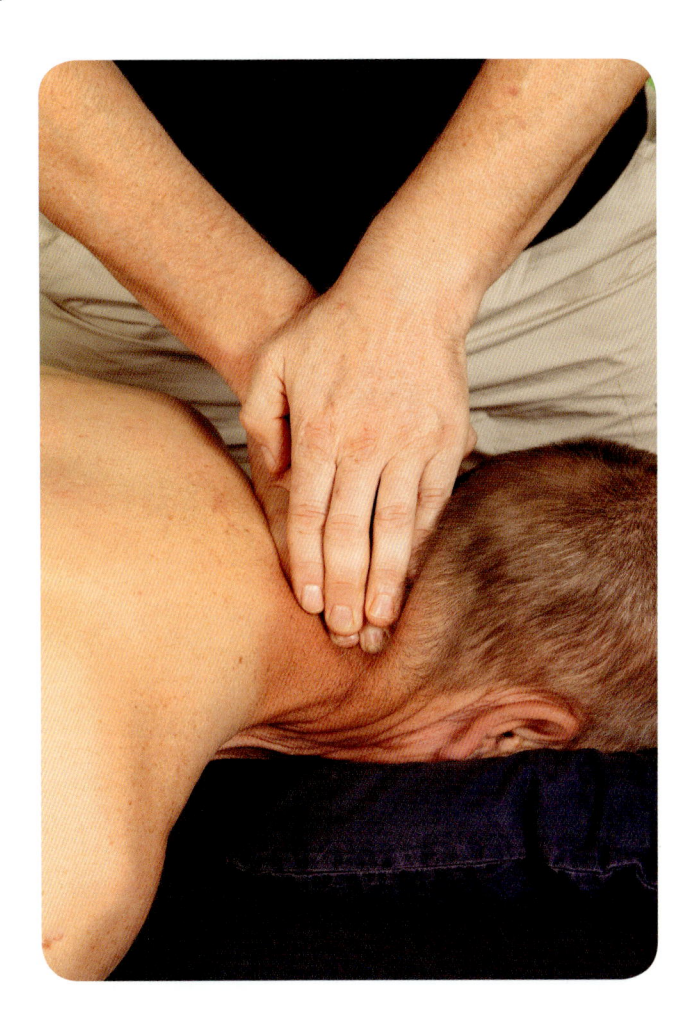

肩部のマッサージテクニック1

　僧帽筋上部に深部ストロークを適用するには、肩の内側に手の手掌面を置く。もう片方の手を反対側の方に置いて患者を安定させ、動く方向に腰を真っ直ぐに向ける。頸部から離れる方向に動き、肩の骨構造に深い圧力はかけない。このストロークにより、肩が頸部から引き伸ばされる。

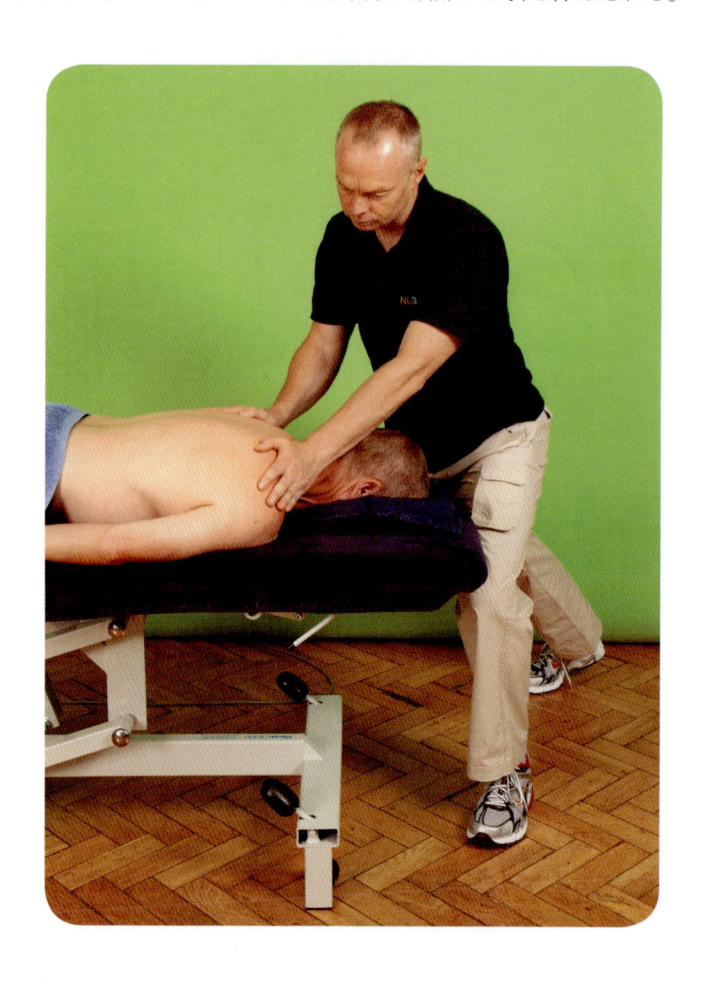

肩部のマッサージテクニック2

　片脚で立ち、マッサージベッドの上の患者の肩の上側、頭部のすぐそばに膝を置く。両股関節と体幹筋を動く方向と真っ直ぐに保ち、直立姿勢を維持する。患者の向こう側の肩に手を置き、マッサージベッドの上で施術する。リズミカルなペトリサージュ動作を用いて、組織をつまんで持ち上げる。腕を輪状に保つ（肘を外側にしておく）ことにより、動きが滑らかで強くなる。

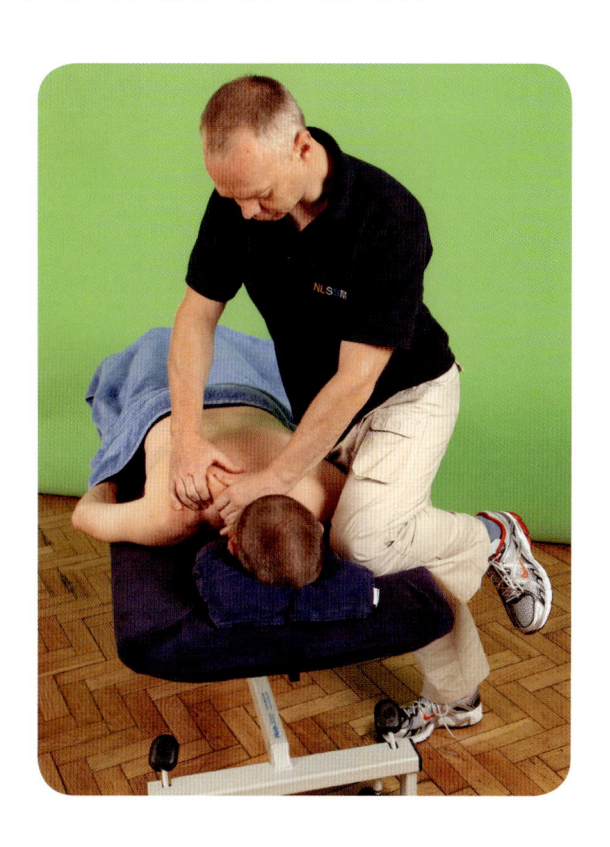

ヒント　マッサージベッドに脚を上げるのに股関節を引き上げなくてはならない場合、ベッドの高さを下げる。下げた位置が実際にあなたに適した高さである。踏み台などを用いるのは安全な方法ではない。

臨床上の留意点

　全章に言えることだが、1つのストロークから別のストロークへ移るとき滑らかに移行できるよう、ストロークとテクニックを組み合わせて用いること。マッサージベッドの周りを動く方法、望ましいテクニックを検討して独自のスタイルを確立する。動きの連続性と、それぞれをどのようにつなげるかを常に考えること。連続性を維持するため、手を患者に触れておくとよい。

肩部のマッサージテクニック3

　片脚を床から浮かせてマッサージベッドに一部腰掛け、反対の足を床で踏みしめて姿勢を固定する。患者の腕を自分の脚の上にのせる。様々なマッサージを適用して動きながらも、直立姿勢を維持すること。この肢位により、肩の前部後部そして全体の腕を扱うことができる。

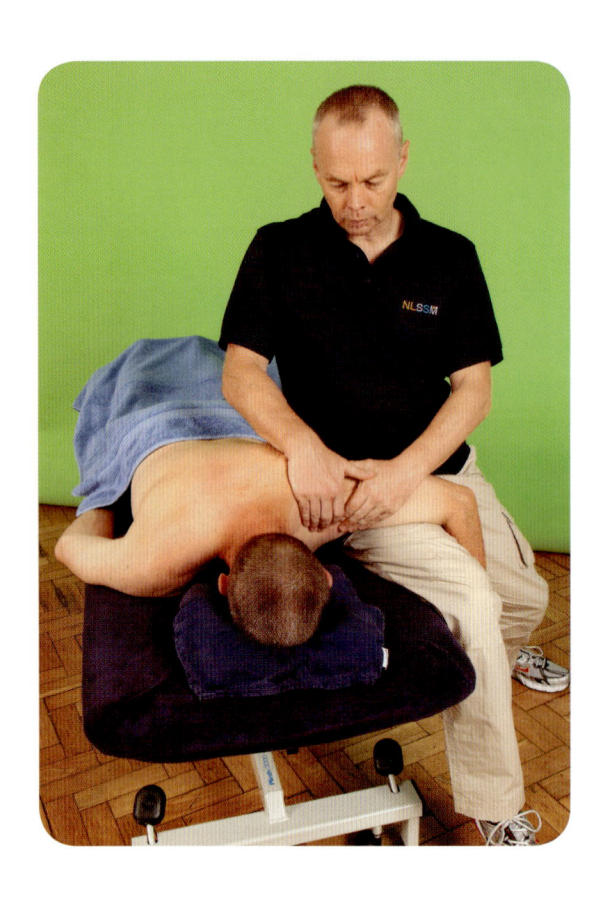

ヒント 患者が腹臥位の場合、肩の前部を施術するにはとても都合のよい肢位である。ここは、肩が前方突出してしまった場合、改善するのに必要である。前部の筋を伸ばすことで肩が動きやすくなりリラックスする。私は多くの場合、特定の施術のために患者の向きを変える前、この肢位でこの筋を動かす。

肩部のマッサージテクニック4

　肩甲骨周辺のマッサージは、腹臥位ではその辺りの組織が伸張される傾向があるために難しい場合がある。この場合、セラピストは立って患者の上体に顔を向け、患者の肩の下に腕を置いてみる。肩関節の上部を手の中に包む。マッサージベッドについた肘を押し付けながら手のかかとを持ち上げて、患者の肩を持ち上げる。周辺の筋を施術できるよう組織を楽にするのである。この姿勢では、深く長いストロークなど、様々な程度のテクニックを肩甲骨の下および周辺に適用でき、軽いストレッチやモビライゼーションなども行うことができる。

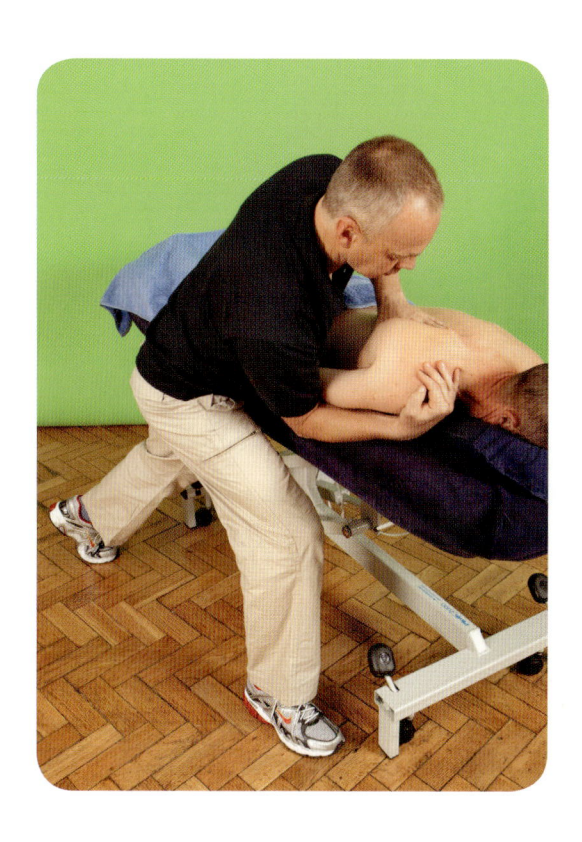

ヒント　背中を真っ直ぐに保ち、前脚で支えると、患者の肩を楽に持ち上げることができる。体を屈曲した姿勢では、てこの原理を使うために下げた股関節を利用するではなく、ものを持ち上げるために上体を利用することになるため、患者の肩を持ち上げるのは難しくなる。

体幹のマッサージテクニック1

　体幹の反対側に向けて体幹を横切るように施術するには、スタンスを広くし、組織を寄せ集めるように自分の身体を固定できるよう、マッサージベッドに大腿部を押し当てる。この方法でマッサージベッドを用いることで、ストロークの力は強くなり、姿勢の安定にもつながる。

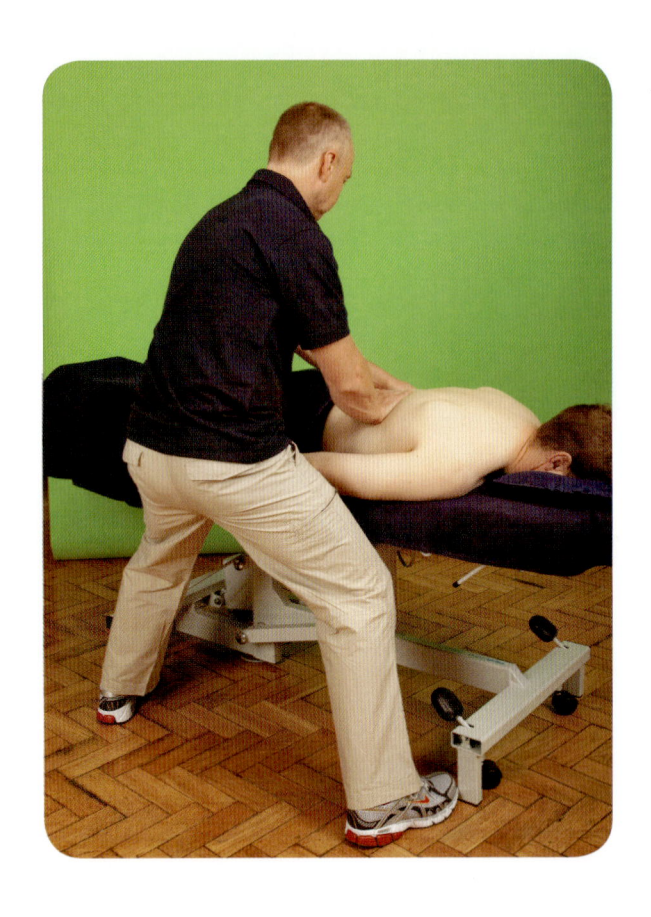

体幹のマッサージテクニック2

　非対称な両脚を前後にステップしスタンスをとる。体幹の肋骨部位に手を置く。片方の手をもう片方の手の上に重ね、下側の手はリラックスさせ、上側の手から圧力をかける。目的の筋に広くまたは部分的に適用できる。肋間筋を施術したい場合は、補強した手/指のテクニックを用いて1本の指で部分的に圧力をかける。広い範囲のストロークについては、手と指から均等に圧力をかける。

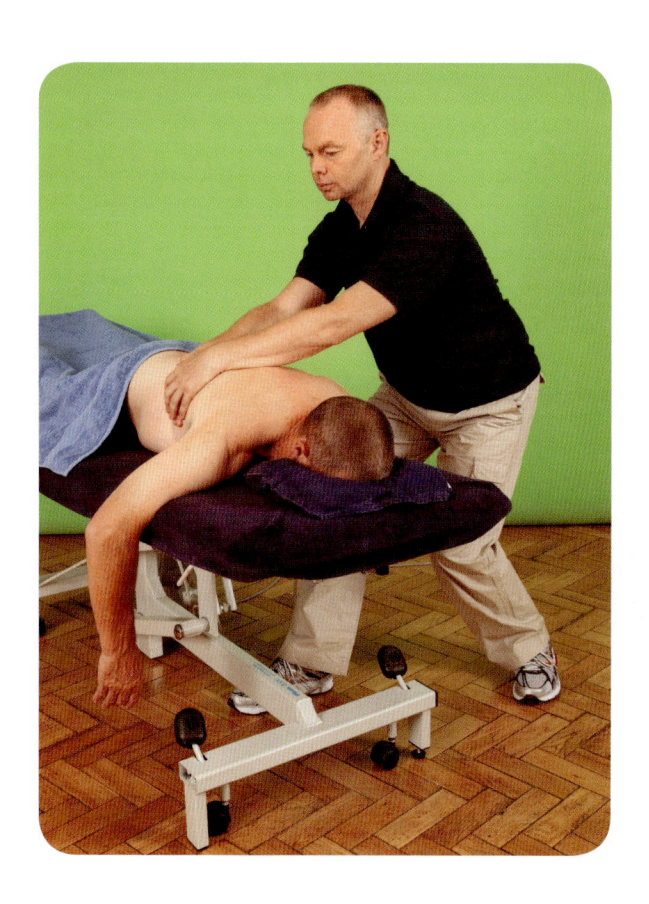

骨盤部のマッサージテクニック１

　骨盤は、タオルの上から、あるいは、マッサージベッドの片側から直接触れてマッサージできる。マッサージベッドの反対側から施術することは、セラピストの立ち位置が快適な場合のみ適している。前方に体を伸ばし過ぎて腰に負担を感じるようであれば、この姿勢を選択すべきではない。

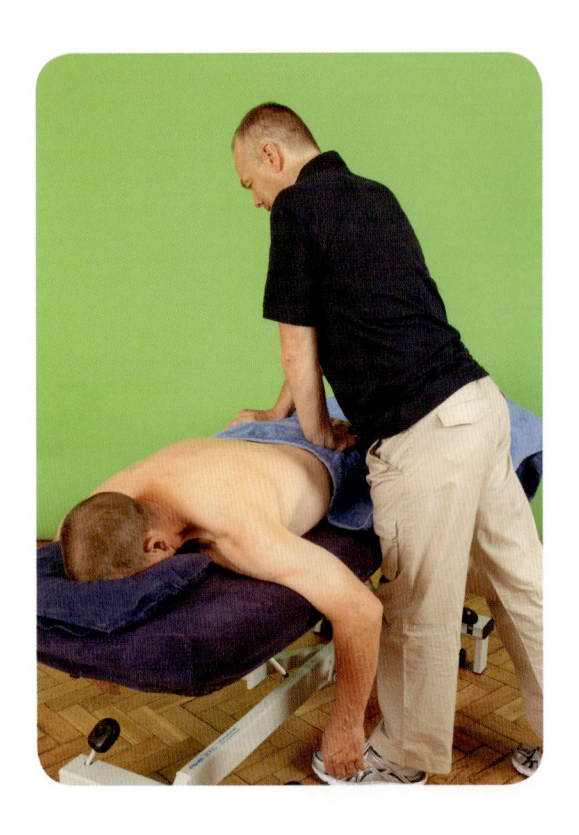

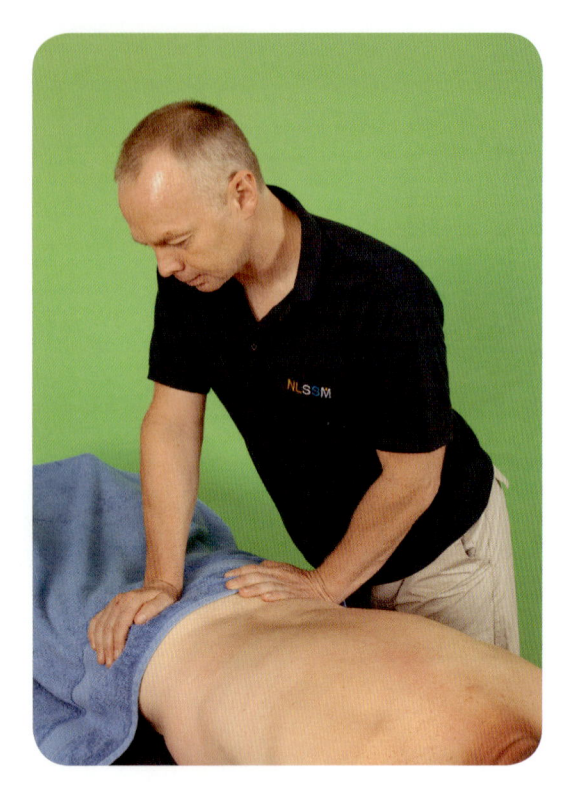

骨盤部のマッサージテクニック2

　施術したい側と同じ側でマッサージベッドの横に立つ。一般的に強く深い筋である臀筋をマッサージするには、手の球筋（母指・小指の球筋）を用いることが最適である。指の使用は最小限にし、特定の施術にのみ使うようにする。ストロークを45度の角度で適用し、組織を骨に圧搾するのではなく引き上げるようにする。こうすることでセラピストの手首を保護することにつながる。動きは、横方向、縦方向、円方向のいずれの方向でも適用できる。

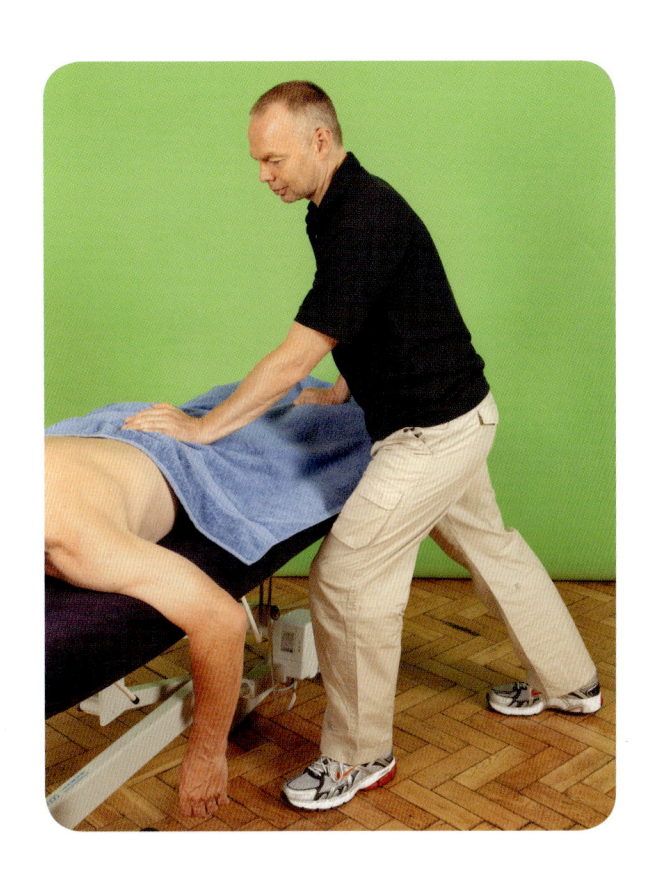

ヒント　マッサージストロークの方向を変えるときは（頭側に向かう施術から、脚に向かう施術へなど）、立ち位置をストロークの方向と一直線にする。この体重移動は幅広いスタンスをとり、後方の脚に体重を乗せることから開始される。骨盤の筋は非常に強いため、望ましい深さに達するためには、足の支持面から力を及ぼす必要がある。

下腿部のマッサージテクニック1

　患者の下腿の自然肢位が外旋しすぎていて下腿の側面の筋を扱えないときは、下腿に片手を置いて部位が上に向くよう動かす。これにより、もう片方の手で脚全体にストロークを適用できる。注意事項：下腿から体幹の方へ動くときは、繊細な構造が皮下にある膝の裏を通るときにストロークの深さを軽くする。

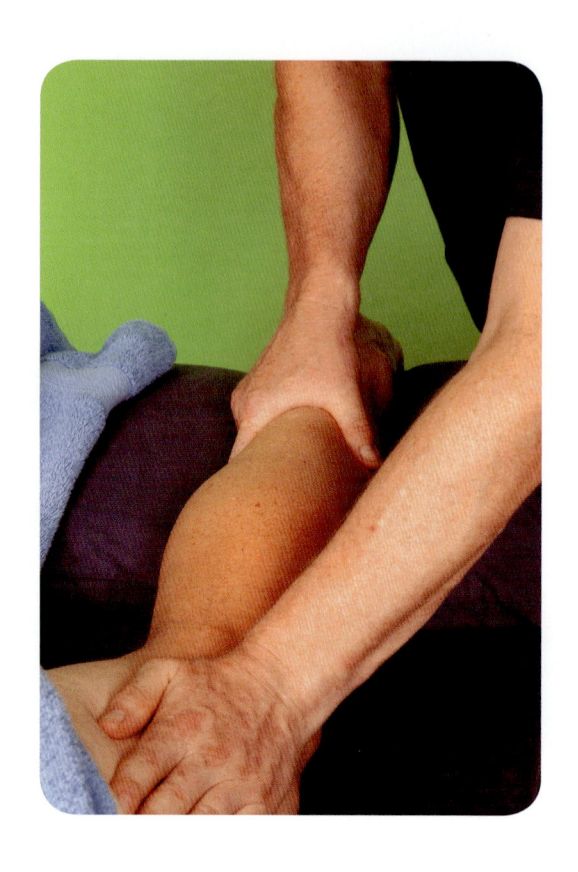

下腿部のマッサージテクニック2

　マッサージベッドに座る前に、ベッドサイドからクッションや枕を取り除く。セラピストは下腿をベッドの中央に近づけて屈曲し、もう片方の下腿を床に対し伸展して姿勢を固定することによって安定した姿勢を得られる。片足は必ず床に接触させておくことで安全を確保し、直立姿勢を維持する。患者の下腿を屈曲して、セラピストの肩にのせる。この肢位は、セラピストと患者の体格が同程度の場合のみ適している。セラピストが患者より大きいと、患者の足を肩にのせるために体を屈めなければならなくなるからである。この肢位により、組織が骨格構造からぶら下がるように離れるため、ヒラメ筋などのふくらはぎの深部筋に到達しやすくなる。

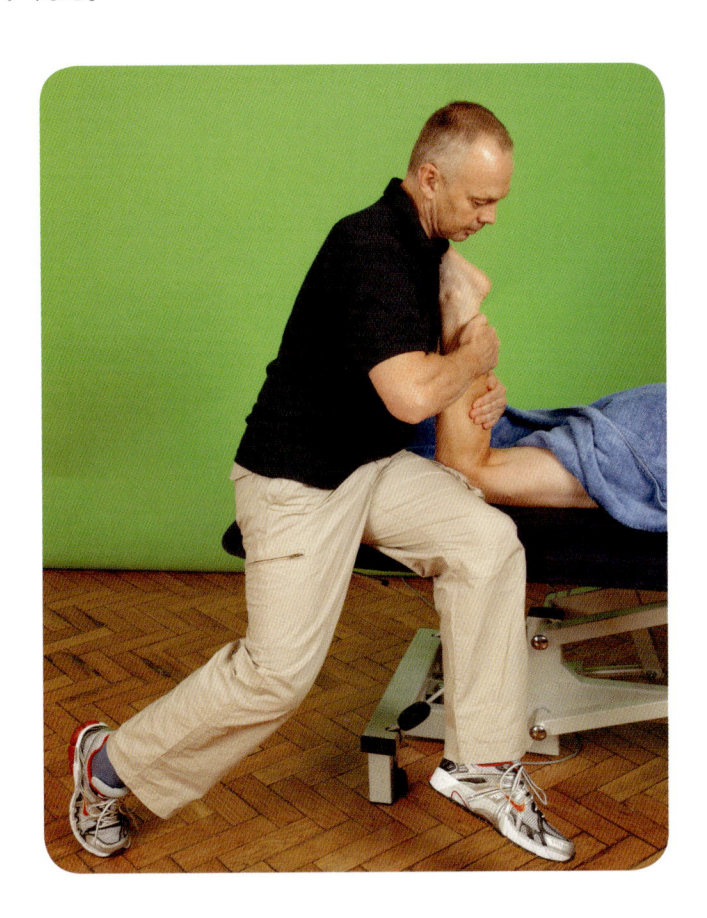

下腿部のマッサージテクニック3

　股関節を引き上げずに内側の下腿をマッサージベッドにのせることで、立ったままマッサージベッドの利点を最大限生かす。患者の下腿部をセラピストの大腿部にのせる。この肢位は、組織の深部を施術しながらも直立姿勢を維持することができ、軟部組織リリースなどの高度なテクニックを適用する場合にも役立つ。

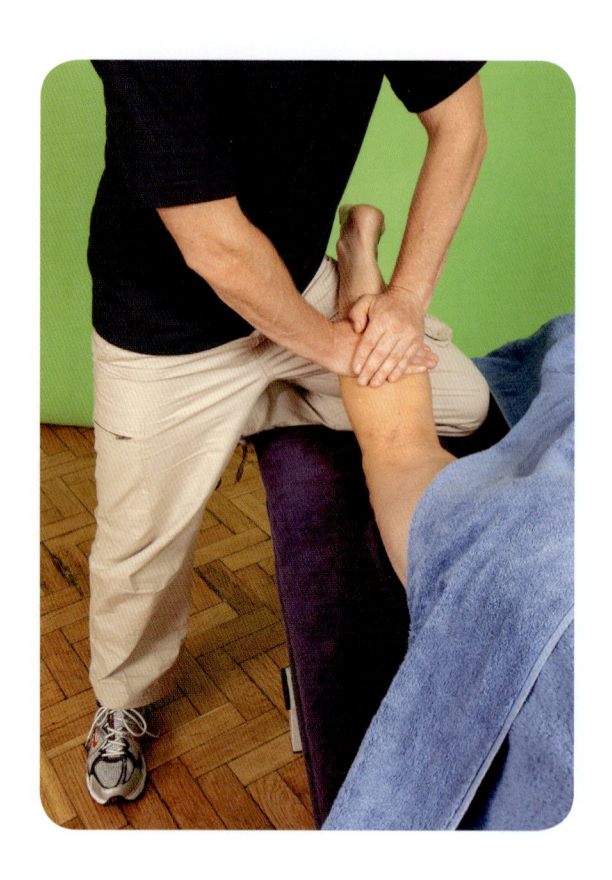

ヒント セラピストの衣服のボタンやファスナー、ポケットの財布が、患者の皮膚を傷めないようにすること。短パンをはいている場合や衣服にローションがつくのを好まない場合は、自分の脚にタオルをのせる。

大腿部のマッサージテクニック1

　マッサージベッドの反対側に立って、そこから反対側の大腿にマッサージストロークを適用することは有用である。この姿勢は、いくつかのストロークで効率的だが、リンギングやリフティング、または組織を寄せ集めるような動きを行う際はとくに効率的である。注意事項：この姿勢になることで身体を反対側へ伸ばさなければならず、腰背部に負担をかけたくない場合は、この姿勢は適切ではない。

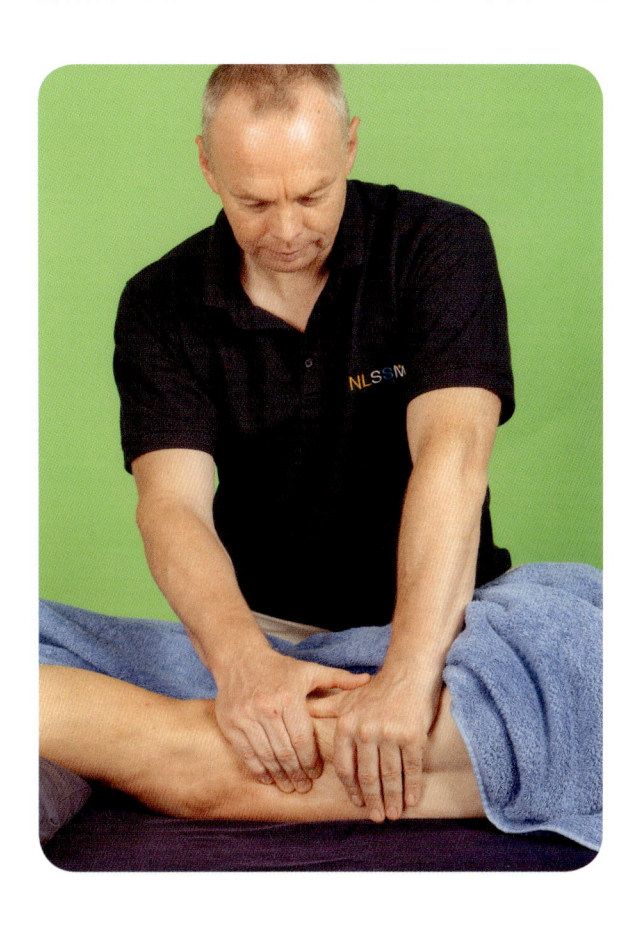

足部のマッサージテクニック1

　立位で、マッサージベッドに片脚をのせ、患者の足をセラピストの大腿部の上にのせる。これにより、顔を足の方に向けるようになる。これはセラピストにも患者にも快適な肢位であり、足を安定させてこの部位の深部および局部に施術できる足の表面は非常に小さいため、指と母指を使うことが適している。フラッシング作用に手指球筋を用いることは効果的で、患者には心地よい。循環系も阻害しないので干渉しないため、ストロークの方向に制約はない。

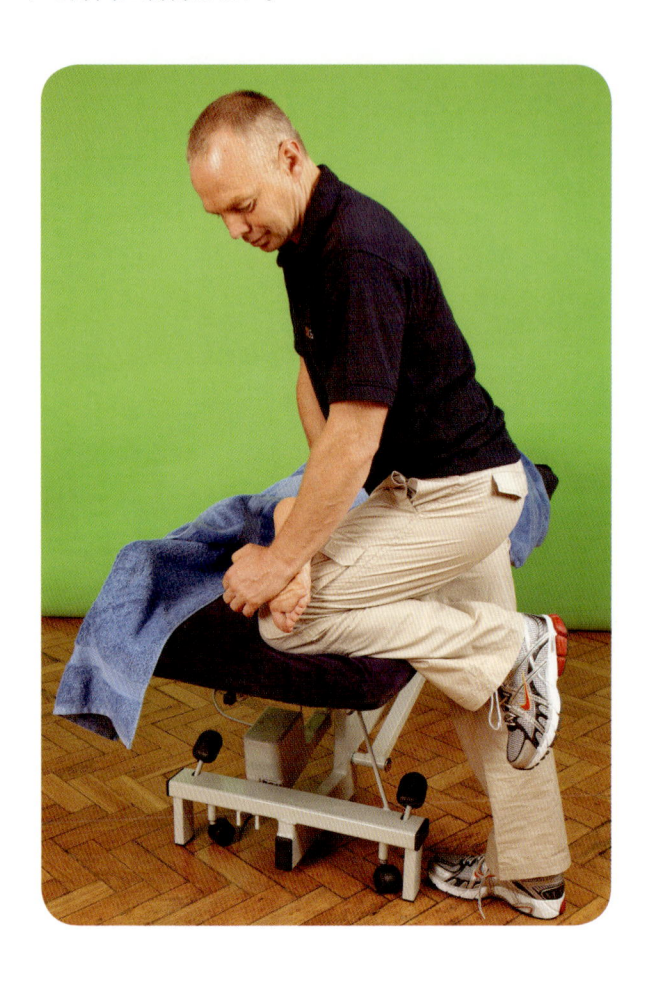

座位マッサージは、それ自体として実施され、または、様々な状況で用いられる。場所を取らない可動式の装置を用い、すべて衣服の上からドライテクニックで適用する。スポーツマッサージセラピストとして学んだことをただ、椅子に応用すればよい。マッサージチェアを用いた他の形式としては、指圧やスウェーデン式マッサージなどの他のマッサージ様式が含まれる。これらの方法を習得して行っても、あるいは、スポーツマッサージを適用してもよい。典型的なマッサージベッドでの施術を椅子に応用する例を以下に示す。

座位でのテクニック1

　一般的なマッサージテクニックをこの角度で適用するには、セラピストの両腕の位置とストロークの方向を変える必要がある。両腕を伸展して、力を脚から及ぼすが、下方向に並行に動かすのではなく、上向きに内側に動かす。

座位でのテクニック2

　真っ直ぐ伸ばした両腕で深部ストロークを行うのと同じ方法で、反対側から対角線上に立って、伸展したままリラックスさせた腕で患者の肩の上をつかみ、股関節を使ってゆっくりと引いたりしながら動きを及ぼす。手の下で組織が反転する場合は、再度ゆっくりと試みる。

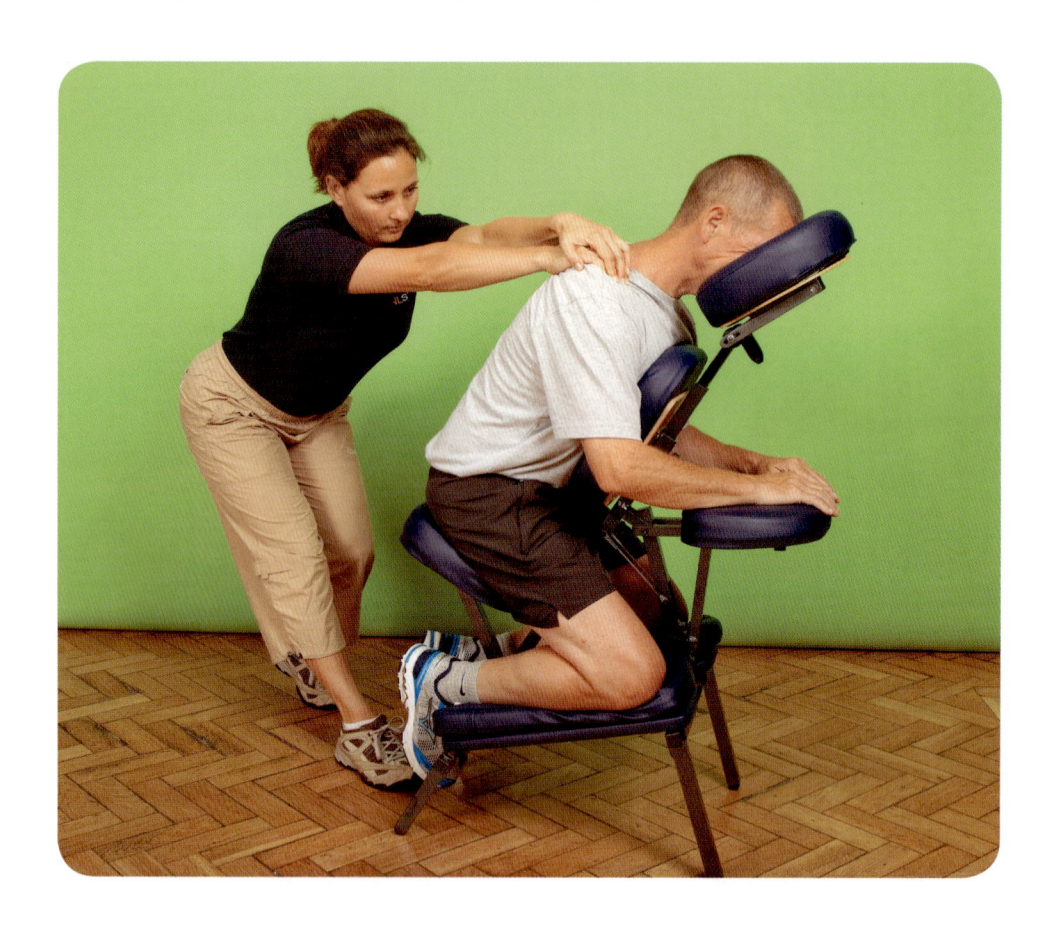

問 題 (解答p.158)

1. 肩を施術するときに、座位の姿勢をとる利点は何か？
2. 「直立姿勢を保ち」というフレーズは本章に何回登場したか？
3. 大腿部に患者の脚をのせるとき、意識することは何か？
4. 母指と指を使うことが、足には適し、大殿筋には適さないのはなぜか？
5. 特に注意を払って施術するべき身体部位はどこか？

背臥位での
スポーツマッサージ

　背臥位は、顔を上に向け仰向けになった人を表現するために用いられる用語である。基本的に、背臥位では腕、脚、胸の一部および頸部をマッサージする。体幹（腹部と胸部）は扱われない場合が多い。この部位の筋は動きと呼吸に不可欠な部分であるため、このことは一見奇妙に思われるかもしれない。患者の姿勢がアンバランである場合、筋の緊張のバランスを調整して筋を後方で作用させやすくするために体幹を施術することは欠かせない。体幹全体のマッサージに特に注意を要する理由を挙げればきりがない。研修課程で腹部のマッサージの特殊性について扱われない場合は、専門の養成課程を受け、この部位の施術に必要なスキルを習得することをお勧めする。

　注意　患者が背臥位のとき、胸部、腹部、骨盤部には高度なアプローチが求められる。これらの部位を施術するときは、施術する自分の手を見るのではなく、手で確かめながら他の箇所に目を向ける必要がある。なるべくタオルの上から施術し、確信の持てる方法でストロークを適用する。セラピストが緊張していると、患者がそれを感じ取り、患者まで緊張してしまう。

　患者の快適性を保ち、しっかり支えるため、頭の下の膝の下に枕を置いて関節を支え、楽に仰向けられるようにする。

　患者が背臥位の際に用いることのできる様々なスポーツマッサージのテクニックを以下に詳しく説明する。これらの高度テクニックを学ぶ前に、基本的なマッサージテクニック（第4章および第5章）をマスターしておくこと。

　頸部を施術する際には特に注意を要する。繊細なアプローチが不可欠である。患者の信頼を得るため、患者の頭を手にのせるとき動じないこと。快適に施術できるよう、まず、必要な足幅を取って立っているか、肩はリラックスさせているか、腕は真っ直ぐに伸びているか、マッサージベッドの高さは適切かを確かめる。

頸部のマッサージテクニック1

　まず姿勢を確立することがこのテクニックを行うコツである。快適な状態で脚を前後にスタンスをとる。これにより、ストロークを実施するときにやや後方に動くことができる。セラピストの両肩は耳から離れるようにし、腕を真っ直ぐ伸ばして、掌を上に向ける。患者の頭の下に片方の手を置き、もう片方の手で患者の肩に近い首のつけ根からストロークを始める。掌を上に向け、頭蓋骨底部から手を滑らかに離していく。手が上頸部に到達するまで、もう片方の手で頭を支えること。その後、手を交替して同じプロセスをもう一度行う。

　このプロセスを完了するまでの間の手の位置を下の2枚の写真で示す。この手の位置でストロークを行ってはいけない。この図はあくまで手の位置を示すものである。

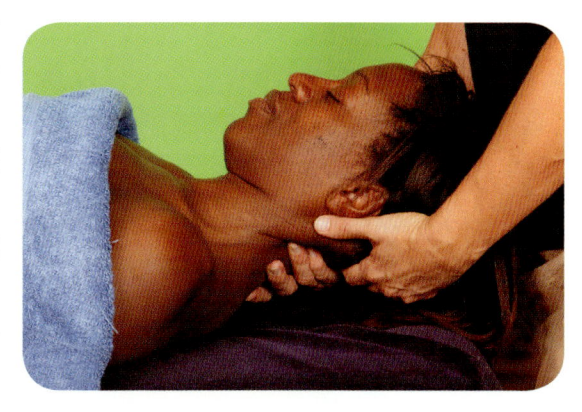

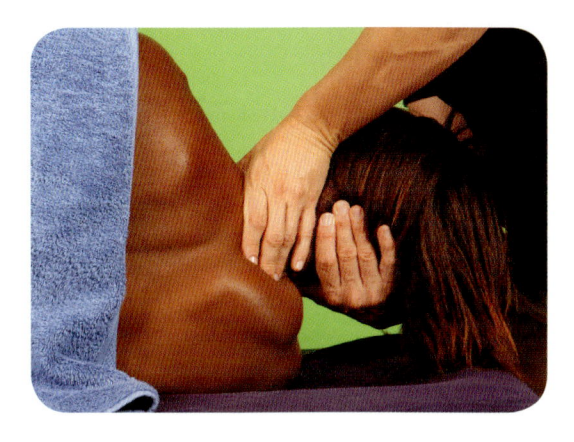

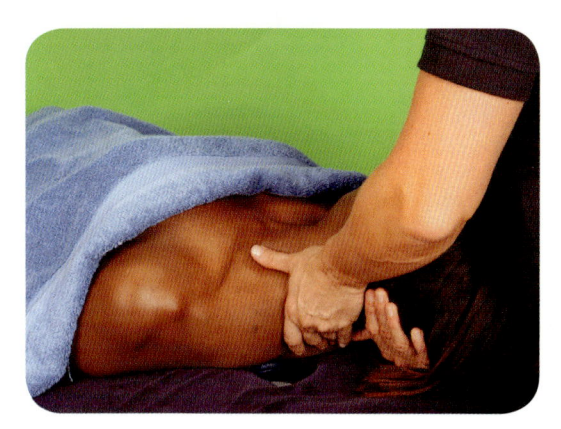

注意　患者からフィードバックを得る。患者が自分で頭を持ち上げていると感じられる場合は、自分の手の位置と快適性を再評価する。望ましい結果を得るためにこのプロセスは滑らかに行わなければならない。重要な3つのポイントは、脚から動きを波及させ、腕を真っ直ぐ保ち、肩をリラックスして降ろすことである。

頸部のマッサージテクニック2

　両足を広く開けて立つ（バレエの2番ポジション）。片方の手で患者の頭蓋底部を包み、腕は真っ直ぐに伸ばし、肩はリラックスさせる。ストロークを適用する側とは反対側へ少しだけ頭を優しく回す。つまり、右腕を使って患者の頸部の右側に沿って施術するのであれば、患者の頭を左に回す。患者の頭を絶えず支え安定させることが重要である。

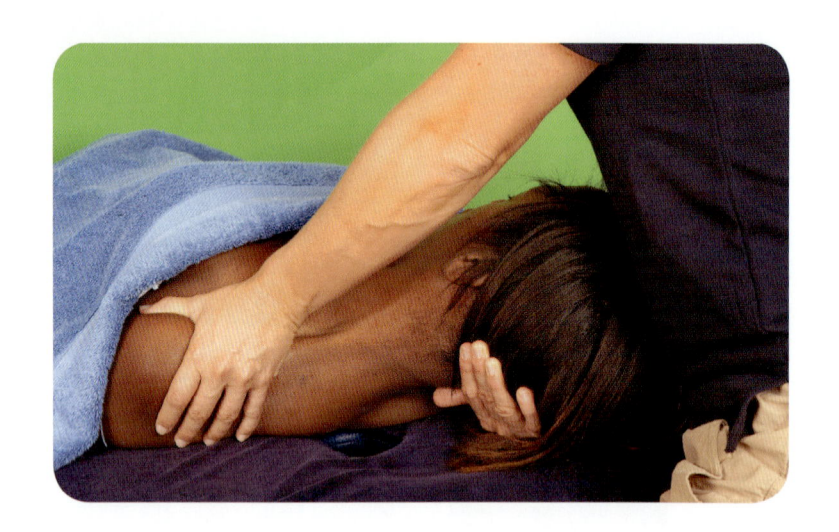

背臥位で胸部を施術するときは、性別を問わず、患者のプライバシーを守れるようタオルを巻く。患者に侵害感を与えないよう、施術中は胸部に目を向けないようにする。経験を積めば、どこに触れているのか手で感じ取ることができるようになる。

胸部のマッサージテクニック1

　両手を重ねて置き、長いグライディングストロークで鎖骨の下を正中線から肩に胸部を横断して施術する。ストロークの方向を変えるときは、セラピストは体幹上部から回転するのではなく、足の位置を変えて股関節と肩関節の動きの向きと一直線に保つ。手が小さい場合や施術する部位の表面が広い場合は、指腹の代わりに手の球筋を使ってもよい。

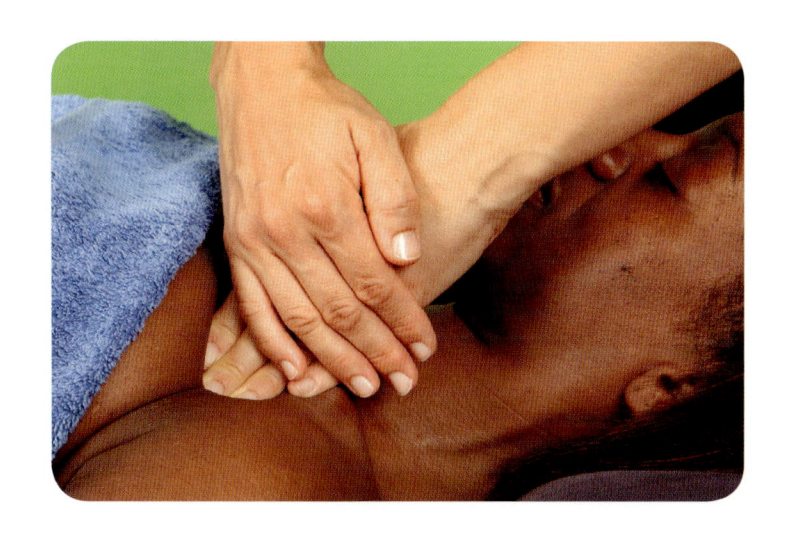

注意　両手を使って施術できるほど広い空間がない場合でも、両手を重ねることで肩と身体を施術部位と一直線に保つことができ、手を非効率な場所に置かずにすむ。

肩と腕のマッサージテクニック1

　患者の腕を曲げてセラピストの腹部にのせる。両腕でテクニックを適用できるよう、腹筋で患者の腕を固定して動きをコントロールする。これは患者にもセラピストにも快適な肢位だが、マッサージベッドが正しい高さに設置されていることと、患者の肘がきっちりセラピストの腹部の高さにあることが必要である。

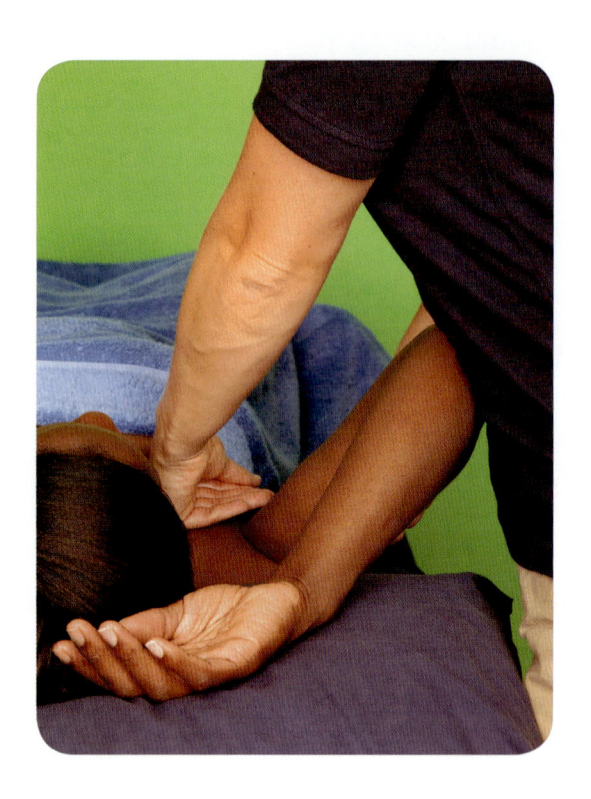

臨床上の留意点

この肢位は上腕全体だけでなく、肩甲帯の大半の筋に適応しやすい点でも優れている。通常は硬くて到達しにくい肩甲下筋の縁部に到達することも可能である。体幹で患者の腕をコントロールする方法を身につけると、2本の腕を有効に使うことができるようになる。もう一つ重要なことは、リンパ節など、圧迫に弱い構造を認識することである。

肩と腕のマッサージテクニック2

　背臥位での腕と肩の施術に用いられる別の方法は、自分の腕（患者の正中線に近い方の腕）を曲げて患者の腕を保持することである。肩をリラックスして行えば、このテクニックは効率的である。腕を身体の近くに維持して、手の補助を使って動きをコントロールすること。患者がリラックスし、支えられていると感じられるよう、患者の腕の上部はベッドの上にのせておく。

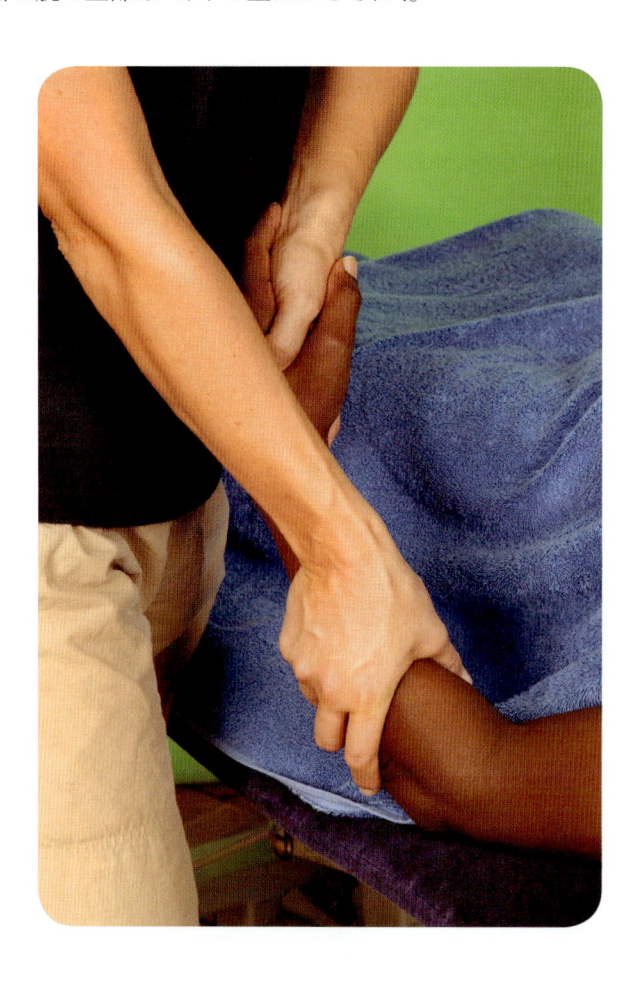

腹部の施術は、スポーツマッサージ治療の中でも重要である。マッサージの本領発揮ともいえる部位だが、本書では浅部の施術の説明にとどめる。腹部のマッサージは姿勢や呼吸に問題がある場合は特に、高い効果がある。

体幹と腹筋のマッサージテクニック１

　脚をやや広めにして、患者の腹部の横側に患者を向いて立つ。部位を優しく触診することから始め、消化器官の方向と一致するよう反時計回りに施術する。侵襲的にならないよう、また、浅部の構造を施術するよう注意する限り、様々なストロークや施術部位（手の球筋、握り拳、指関節など）が使用できる。

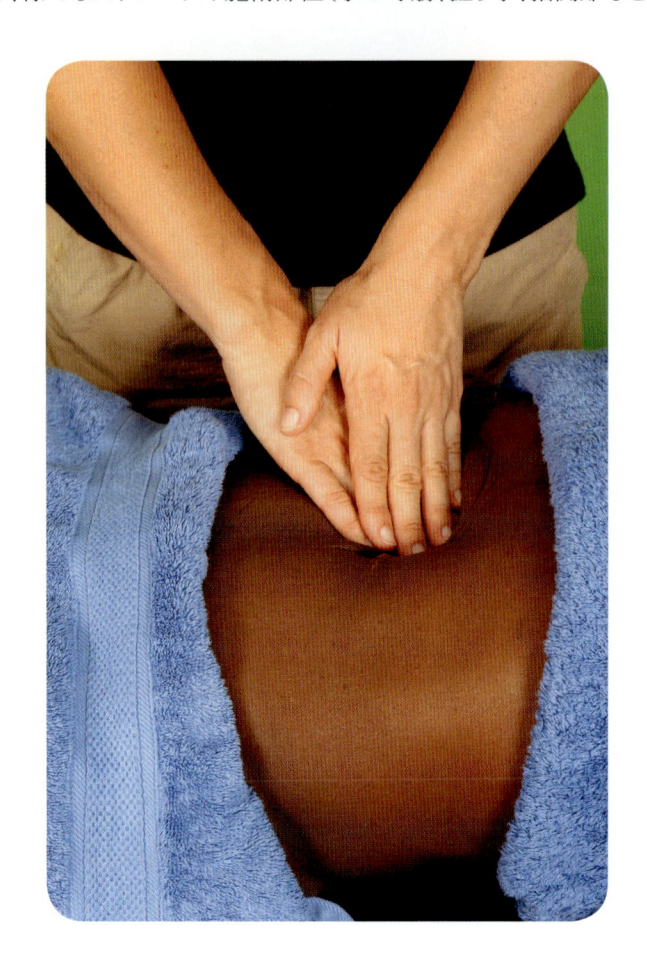

体幹と腹筋のマッサージテクニック2

　横隔膜のどの部位を施術しているかによって、セラピストの姿勢と顔を向ける方向の調整が必要である。足と股関節を動きの方向に対して一直線に保つ。反対側に向けてベッドの上から施術すると容易だが、腕で輪を作る原則を適用する場合は手前を施術するとよい。横隔膜に沿って施術するには、肋骨と横隔膜の縁に沿って手の端を置く。患者の心地良さを確認することで、深さを監視する。患者の呼吸のリズムに合わせて施術すると組織が楽になり、ゆっくりと動かして深いストロークを適用できる。組織をもっと楽にする（緊張をほぐす）必要がある場合は、背中に手を回して肋骨の下に片手を置き、正中線の方へ優しく持ち上げる。

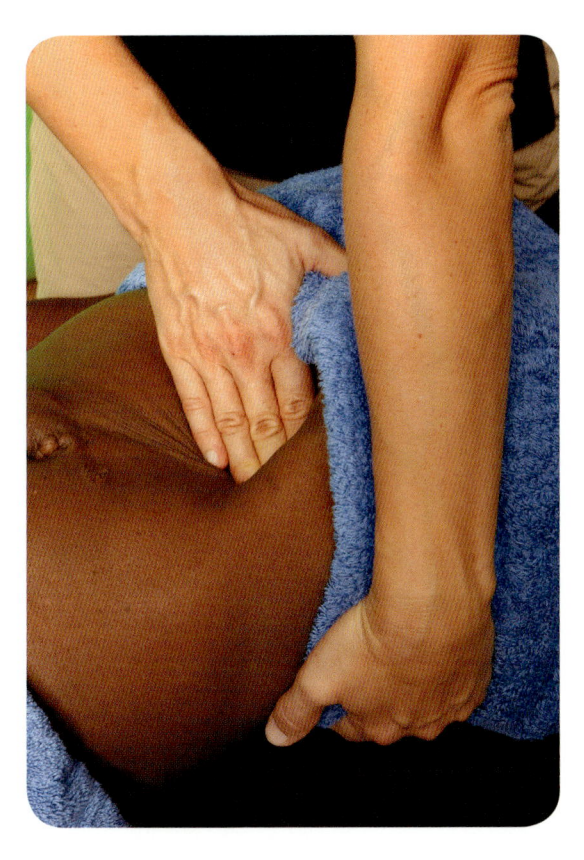

注意　患者に不快感を与えないため、患者の皮膚を傷つけないよう爪を短く切る。肋骨を直接押さないままで端を施術できるよう、指に角度をつけてもよい。

体幹と腹筋のマッサージテクニック3

　腕を真っ直ぐ伸ばし、両脚をそろえて立つ、施術する位置から反対側の患者の体幹の下に手を重ねて置く。まず、手の動きを脚から直接及ぼして、体幹の後部の組織を持ち上げ、その後、腰を後ろに引いて横方向のストロークを及ぼす。指を平たくし手の位置で筋量の不足を調整しながら、体幹の外側縁を肋骨の形状に沿って上げる。

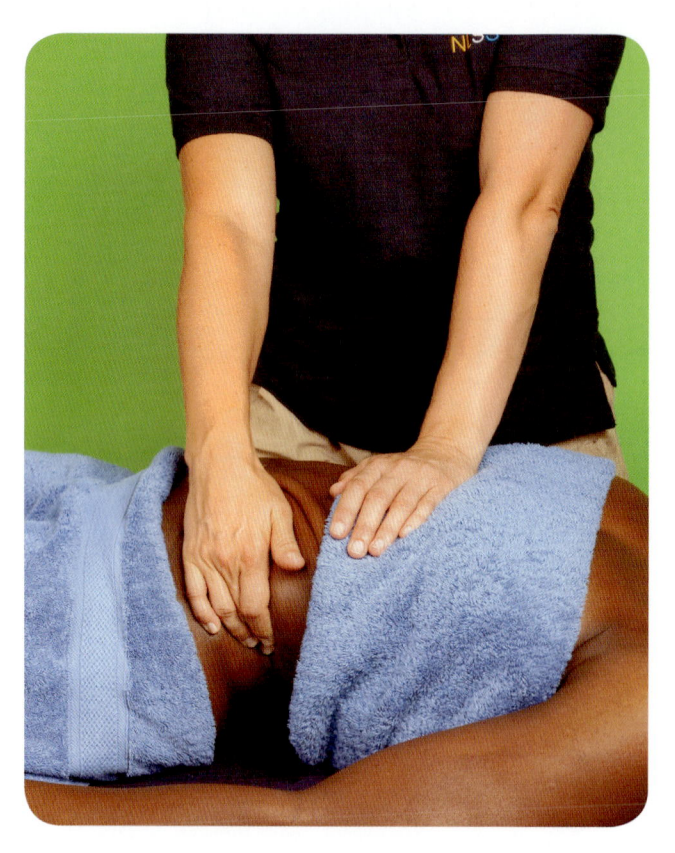

注意　肋骨の間（肋骨間）に局所的なストロークを施したい場合は、1本の指の上に手を置いて、下の指はリラックスさせたまま、圧迫を加える。より深くより細かい施術ほど、不快感を最小限にとどめるためゆっくりと施術する必要がある。

骨盤部は繊細な部位であるとともに、患者が恥じらいを感じる部位でもある。患者が快適で安全だと感じる必要があるため、骨盤部の施術を始める前に患者の許可を得る。この部位はタオルの上から行う場合が多い。

骨盤部のマッサージテクニック1

　セラピストは快適な姿勢をとる。補強した指でも、手の球筋でも、施術の必要な部位によって、セラピストと患者にとって快適であればどのような部分を用いてもよい。部位が小さいほど小さい部分を使う。患者の股が頻繁に動くと感じる場合は、患者を安定させるよう、片方の手を股関節の手前側に置く。骨突起部に注意し、この部位の組織はくすぐったく感じやすいことに気を付ける。適切な深さでゆっくり動かすと、くすぐったいなどの反応を最小限にとどめることができる。

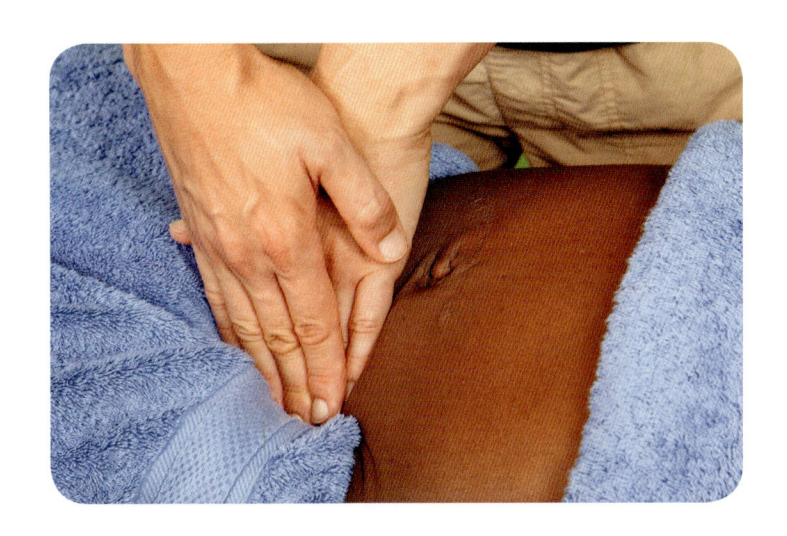

大腿部のマッサージテクニック1

　非対称的または対称的な姿勢のいずれかで立ち、マッサージベッドの患者の体の反対側に手を伸ばして患者の大腿部の外側に手を置く。組織に指をかけ脚から動きを及ぼして、深部クロスフリクションテクニックを用いるか、ペトリサージュ、エフルラージュ、または、大腿部全体を上下に動く縦方向ストロークを用いることができる。（セラピストまたは患者の体格により）ベッドの向こう側に手を伸ばすことで腰に負荷がかからない限り、これは施術に適切な姿勢である。

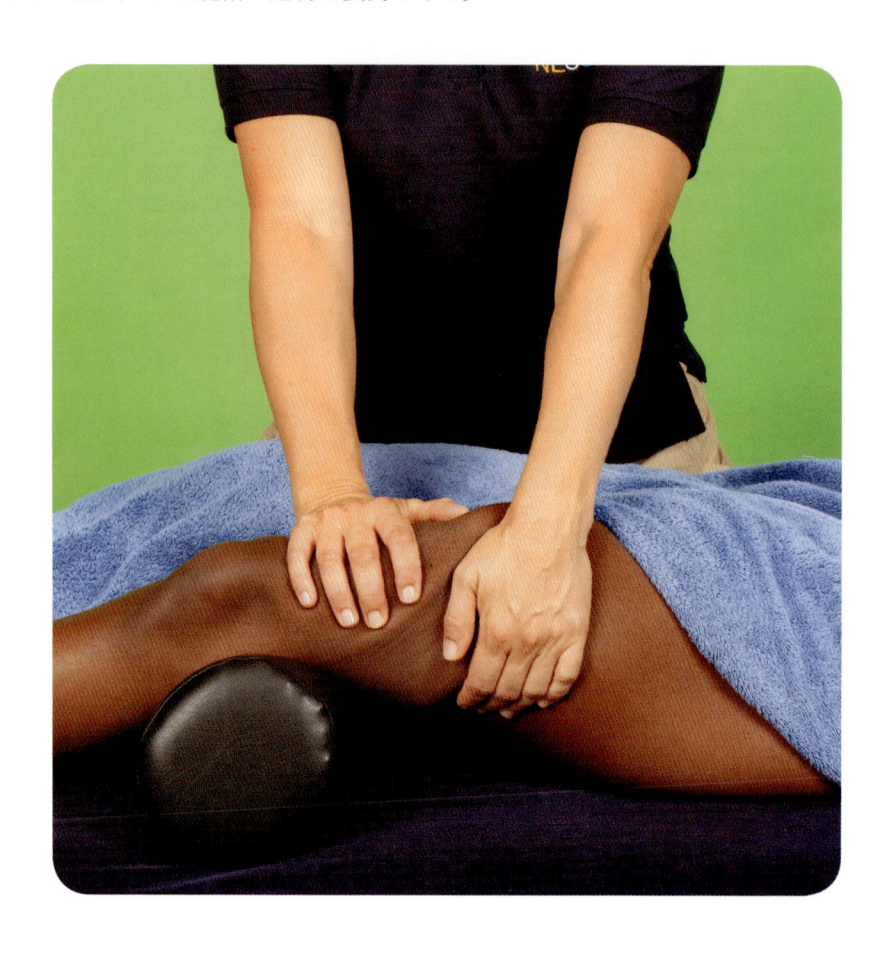

大腿部のマッサージテクニック2

　セラピストは患者に顔を向け、膝を90度曲げた患者の足をセラピストの肩にのせる。脚を固定するため、大腿の前下部（膝ではない）に片手を置き、強い力で脚を肩の方に引いて、脚の動きをコントロールする。もう片方の手を用いて、握り拳、手のかかとまたは前腕で、患者の大腿後部にストロークを適用する。

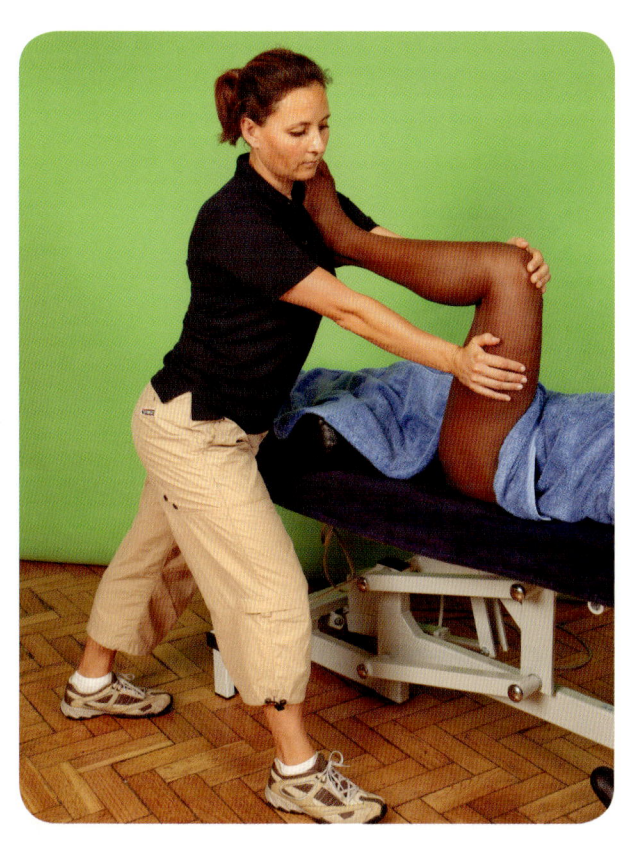

注意　直立姿勢を保ち、体幹と脚のアライメントを維持して、動きと力を脚から波及することが非常に重要である。

臨床上の留意点

　骨盤とハムストリングスの筋のアンバランスを施術するときはこの肢位が特に便利だと私は考えている。また、ハムストリングスのマッサージに適切な時間をかけ、一度休ませてから後でもう一度施術をしたいものの、患者の向きを変えたくない、あるいは、時間が限られている場合などがある。患者の肢位に関わらず身体を動かして様々な身体部位を施術できることは非常に有用で、これを通常の施術の一部とするためにあらゆる努力を要する。

大腿部のマッサージテクニック3

　このテクニックは、大腿内部のマッサージを適用するために用いる。セラピストは外側の脚、すなわち患者の上体から遠い方の脚の膝をベッドにのせ、その上に患者の脚を屈曲してのせる。患者の大腿部の大半を接触させないようにして、身体を患者の脚の縦の方向に直接向ける。この姿勢を取るために腰を浮かせる必要がある場合は、ベッドの高さを低くする（最適な高さで施術していればそのようにはならない。）。骨盤に向かってマッサージストロークを適用する。手の球筋を用いる場合、手を患者の身体外側に向け、手の尺側縁を用いること。腕を弧をえがくような肢位に保つことで、姿勢が強化される。これにより、ストロークが長くても深さを維持することができる。

　代わりに、ストロークの方向を変え、内転筋を横断して施術することができる。この場合、立ち位置を変え、脚の位置を変え、患者の反対側の脚に顔を向ける必要がある。また、患者の大腿部の大半が、セラピストの大腿部と接触しないようにする。これは、大腿内部のペトリサージュを用い、後縁および内側縁の両方から組織を持ち上げるのに優れた体勢である。

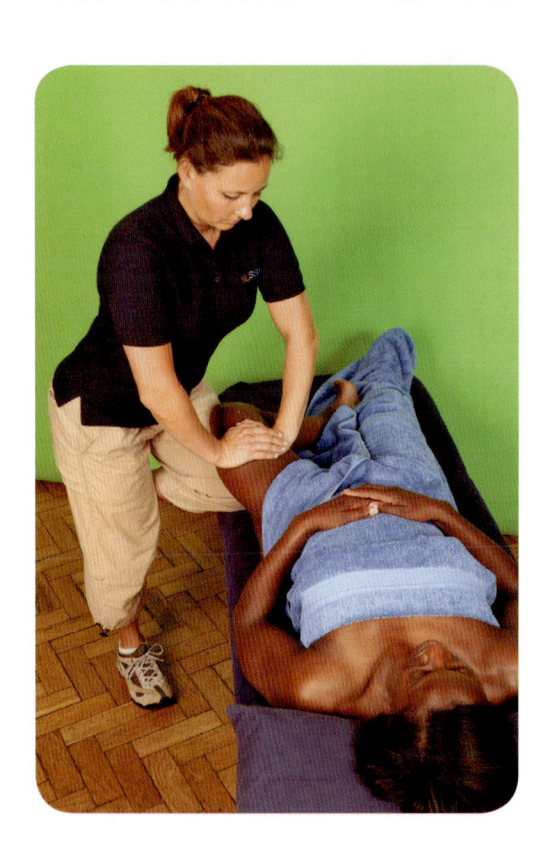

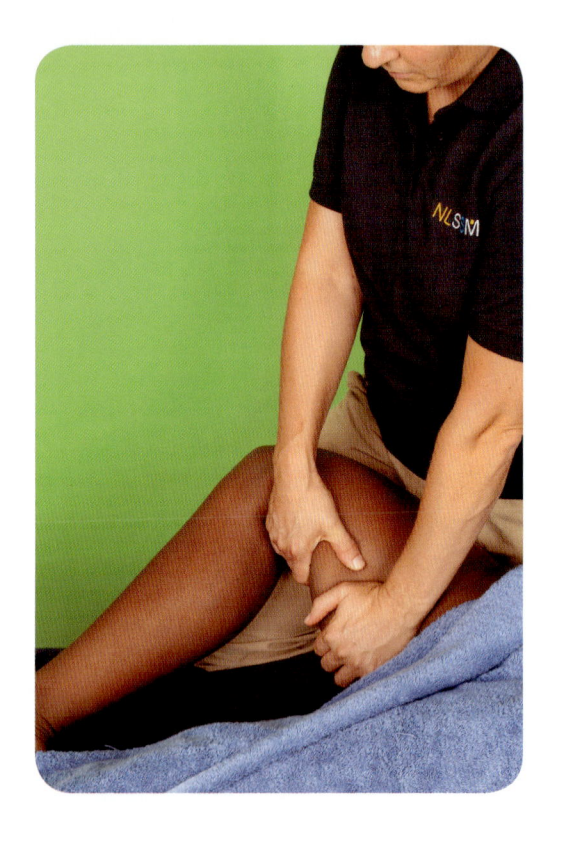

下腿部のマッサージテクニック1

　患者の膝を屈曲し、患者の足の上に座る。こうすると患者が驚いて足を引っ込めてしまう場合がある。その場合は先に、そのように座ることで脚が前方に押し出されないようにする働きがあることを説明する。外側の脚を伸展し床に押し付けることで姿勢を安定させることができる。この姿勢は、ふくらはぎの前部と後部、あるいはその両方の筋を施術するのに有用である。特に、後部の筋が骨格構造からゆるく引き離されることで、深部の組織に到達しやすくなる。

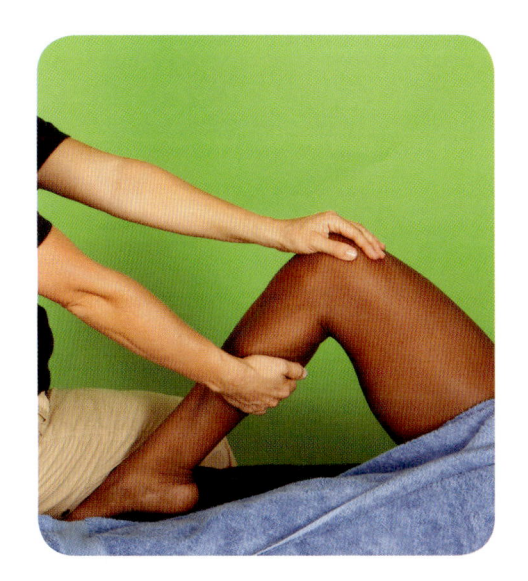

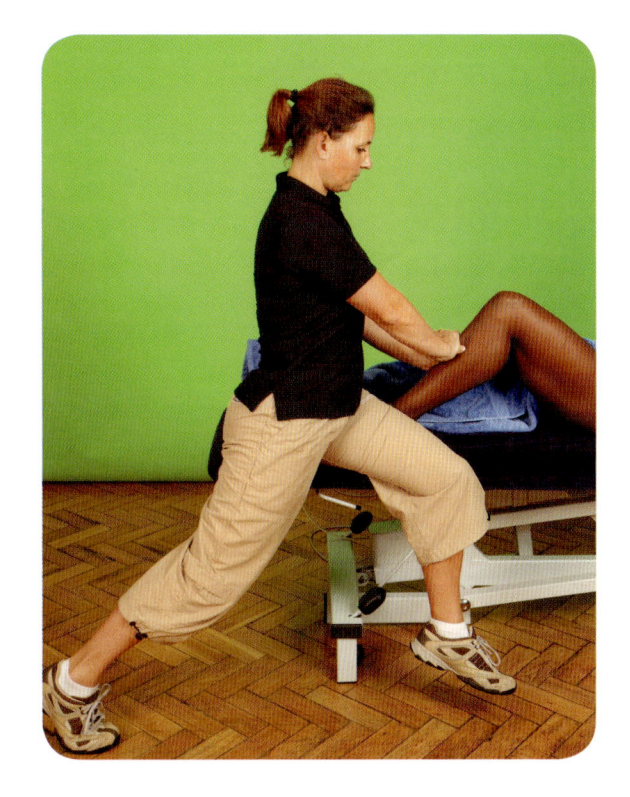

注意　マッサージの動きの方向を組み合わせると容易である。単に、膝の方向へ動けばよい（循環系に合わせて施術する）。より高度なテクニックでは、このルールは必ずしも当てはまらない。

足部は見過ごされることが多いが、全身の運動パターンに重要な役割を担っている。足部は、全身の体重を地面に移動させることによって私たちを支えている。当然、疲労し、硬くなり、酷使されるが、ほとんど関心が払われない。足のモビライゼーション、ストレッチおよびマッサージは、全身の休息に絶大な効果をもたらす。例えば、一部の上体の損傷は、足の機能障害によって起こる。私は、全身を構成する小さなコンパートメントを見るのではなく、全身を1つのユニットとして見るよう心がけている。全身を評価して、筋骨格系の様々な部分が相互にどのように作用しているかを明確にする。足を施術するときにくすぐったい感覚を誘発する場合は、手全体を使って、より力強くしっかりとしたストロークを適用する。こうすることで通常は解決する。代わりに、タオルの上から施術してもよい。

足部のマッサージテクニック1

　手のかかとを使って足の背面の組織を広げる。腕を長く保ち、身体の重みで手の力を及ぼす。脚から引き離したり、ストロークの上から体重をかけたりすることもできる。この開きと引き離しの動作により、足の緊張が緩和される。

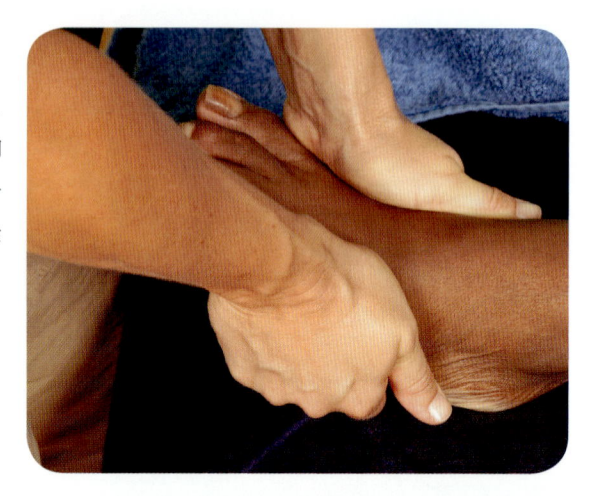

　患者の足の面積が小さくても、姿勢が維持できる限り、下肢から動きを及ぼすこと。片足を後ろに置いてスタンスを広くとり、腕を屈曲して膝を腰に押し当てる。握り拳を作り、指関節の平らな部分を使って、自分の足から及ぼした力で患者の足を押す。

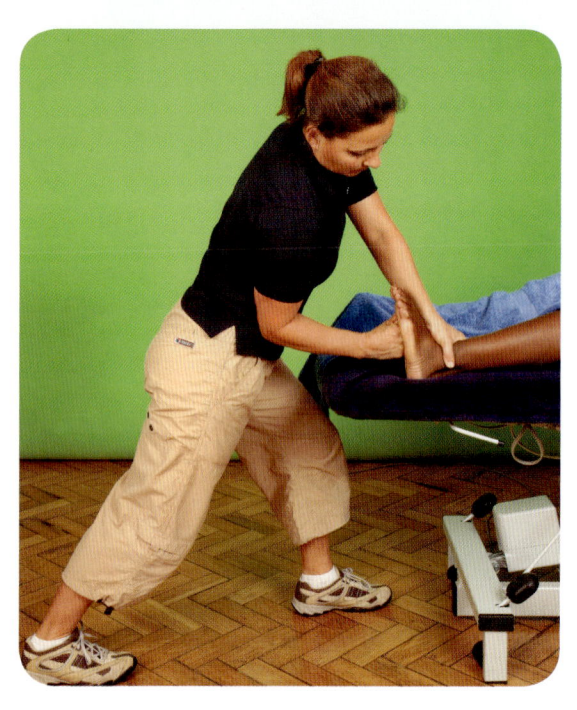

問 題 (解答 p.158)

1. 背臥位で高度なテクニックを適用する必要があるのはどのようなときか？
2. 背臥位で患者の快適性を維持し関節を保護するために、どこに枕を置くべきか？
3. 消化管を守るためどの方向にストロークを行うべきか？
4. 敏感な部位を施術するとき、患者の快適性を守るために何ができるか？
5. 足の施術について重要なことは何か？

8

側臥位での
スポーツマッサージ

　マッサージを受ける人の大半は腹臥位か背臥位になるよう指示され、側臥位になることは少ない。スポーツマッサージおよびリミディアルマッサージのセラピストとして、筋に施術するために、様々な方法やテクニックを用い、側臥位を一般的で基礎的なものとすることが求められる。患者を側臥位にして全マッサージセッションを行うことにより、この肢位での施術に慣れることが望ましい。

　患者が側臥位のとき、患者のプライバシーを保護するための余分のタオル、さらに、支えるためのクッションや長枕が必要になる。長枕やクッションを患者の頭および上側の脚の膝の下に置く。患者の下側の脚は体幹と一直線になるよう真っ直ぐ伸ばし、上側の脚は90度屈曲する。さらに安定を図るため、ベッドの端をつかむよう患者に指示してもよい。

　注意　側臥位は、肋骨と腰との間が狭まる傾向があるため、腸骨陵のすぐ上に別のクッションまたはロール状のタオルを置いて、その部位を開き、肋骨間の施術を容易にすることもできる。こうすることで、重要な側屈筋であり、わずかに体幹の回旋筋も担う腰方形筋に施術しやすくなる。

臨床上の留意点

側臥位はいくつかの理由で用いられるが、そのうちの1つに、浅部の筋の奥深くに位置する筋を施術できることが挙げられる。例えば、腓腹筋の裏の筋に到達したい場合、側臥位であれば組織を骨格構造から垂れ下げることが容易である。重力の作用によって組織を垂れ下げ、横方向のエフルラージュを用いて癒着した組織を分離することにより、筋を別の筋から分離するのを促すためにも用いられる。

　次ページから、患者が側臥位のときに用いられる様々なスポーツマッサージのテクニックを紹介する。

頸部のマッサージテクニック1

　患者の肩のすぐ後ろでマッサージベッドに座わる。背すじを伸ばして座位を維持できる程度に距離を取るが、片方の手で患者の肩を保持できる程度には近づき、もう片方の腕は頭蓋底まで頸側部に沿って動かす。患者の頭の下に枕を置いて施術してもよい。枕を取ると、施術部位が広がり施術しやすくなるが、患者に不快感を与えないこと。適用する深さと圧力を調整し、頸部のくすぐったさに注意する。患者に口頭で確認し、反応を観察する。

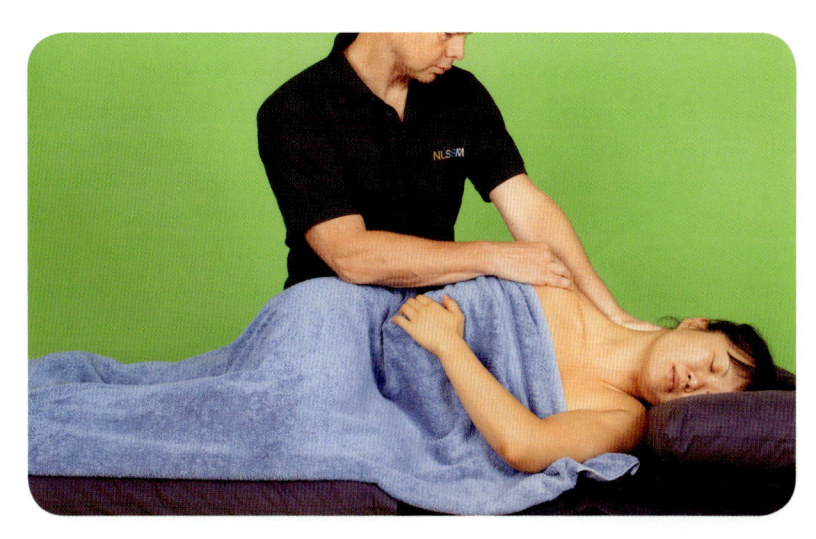

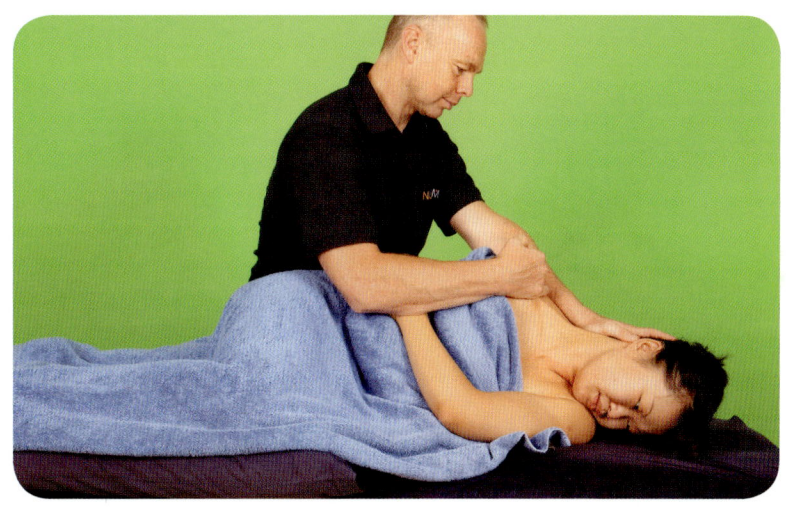

注意　ローションのせいで、患者の肩に置いた手が滑る場合は、肩にタオルをのせてストロークを適用する。

頸部のマッサージテクニック2

　患者の頭部の後ろに立ち、片方の腕を伸ばして、その手で患者の肩を押す。もう片方の手で、僧帽筋上部の辺りに横方向または縦方向のストロークを適用する。これらのストロークを適用する間、脚と体幹の一直線のアラインメントを保つ。

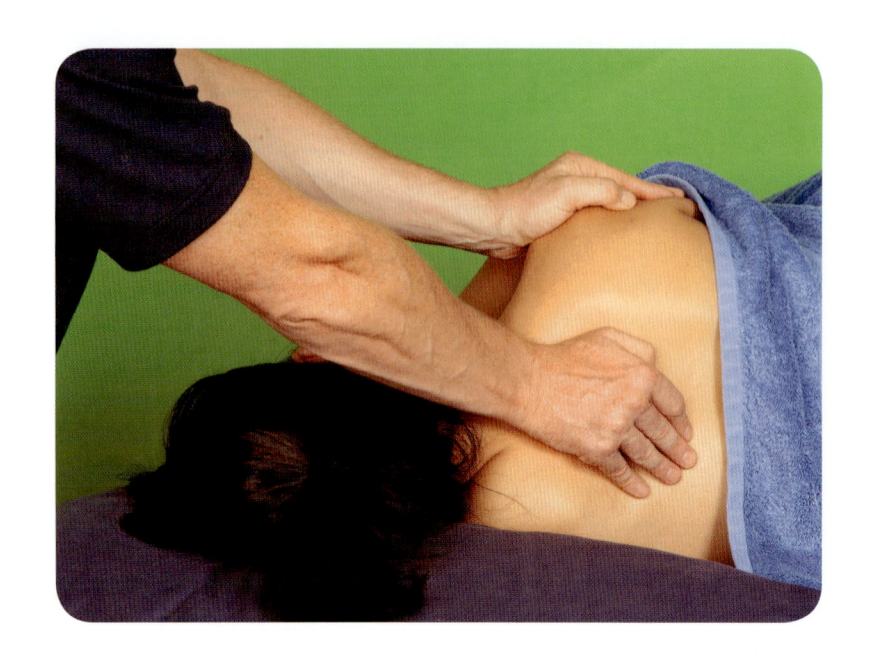

肩と腕のマッサージテクニック1

　患者の頭頂部の後ろに立ち、自分の腕を曲げてその上に患者の腕をのせ、抱えてわき腹に固定する。ベッドの高さが適切で肩がリラックスしていれば、この体勢は楽にとれる。この状態から、長いストロークを腕に適用し、側部に沿って胸または腰の位置まで施術できる。

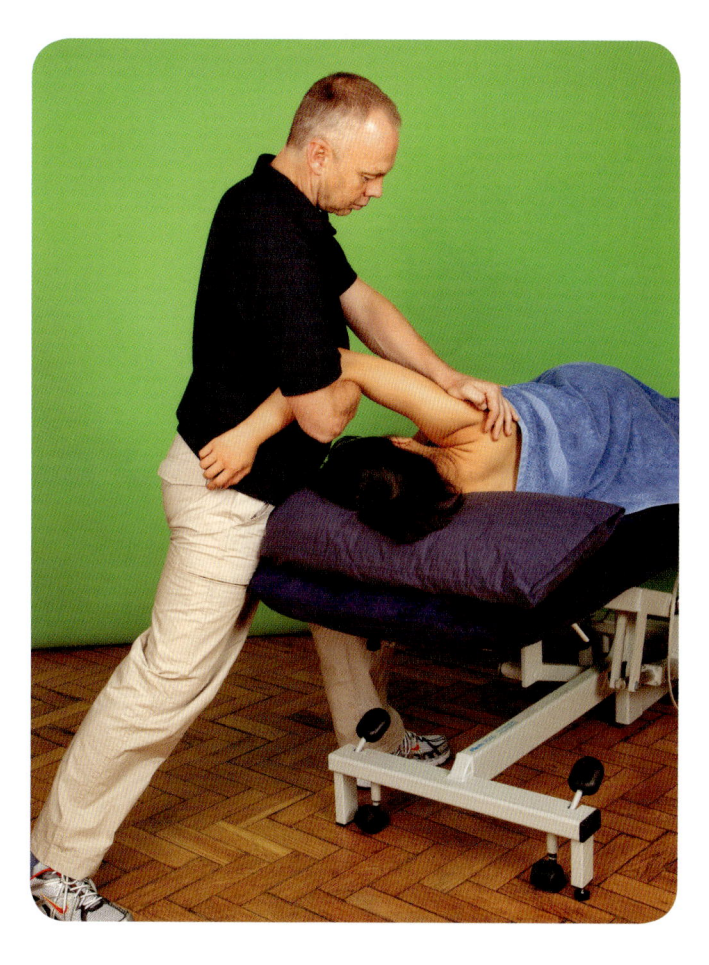

注意　患者の身体側部に沿って動かす間、ストロークを均一にしっかりかけるため、わき腹に固定した患者の腕を動きとは反対方向にわずかに引きながら、脚を使って動きの力を及ぼす。

肩と腕のマッサージテクニック2

　肩甲骨周辺をマッサージし、肩甲下筋の縁の奥に到達するには、患者の上体の後ろでスタンスを広くとって始める。肩の前部に片方の手を置き、もう片方の手の指で肩甲骨の内側縁をマッサージする。片方の手で肩の後部を下向きに押しながらもう片方の手の圧力で肩甲骨の下を押すこともできる。

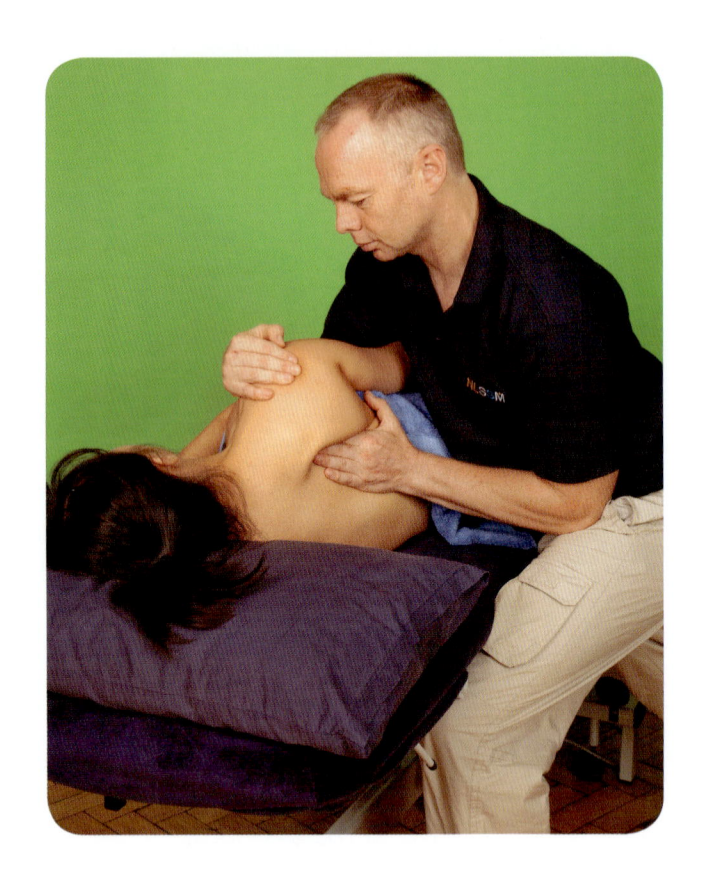

体幹のマッサージテクニック1

　患者の後ろで体幹上部を向いて立つ。非対称的な広いスタンスで、患者の股関節の正中線近くに手を置いて患者を固定する。次に、外側の手で棘突起を避けるようにして脊柱起立筋に上方向の長いストロークを適用する。動きの推進力を脚から及ぼし、前方へ動くときに前側の膝を曲げられるようにする。脚と頭部を一直線に、背中を平らに維持する。

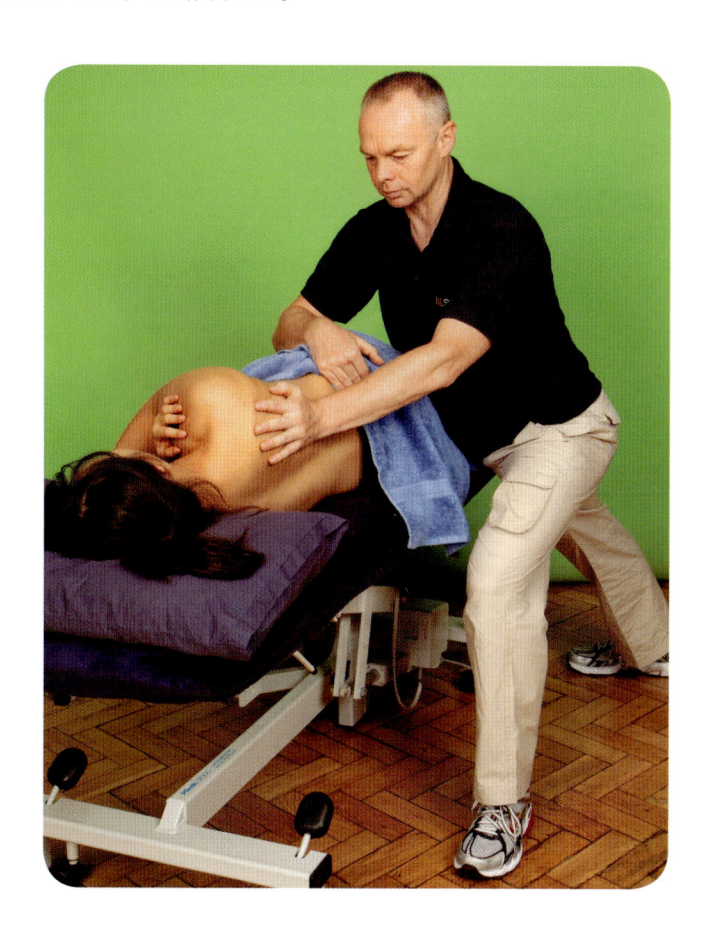

体幹のマッサージテクニック2

　施術する部位とは反対側に立ち、ペトリサージュが適用できる。円状の動きで組織を集め、つまんで持ち上げる。コツは、ベッドを支えにして自分の身体を固定する（大腿部をベッドに押し当てる）か、または、腹筋を作用させて力を及ぼすことである。

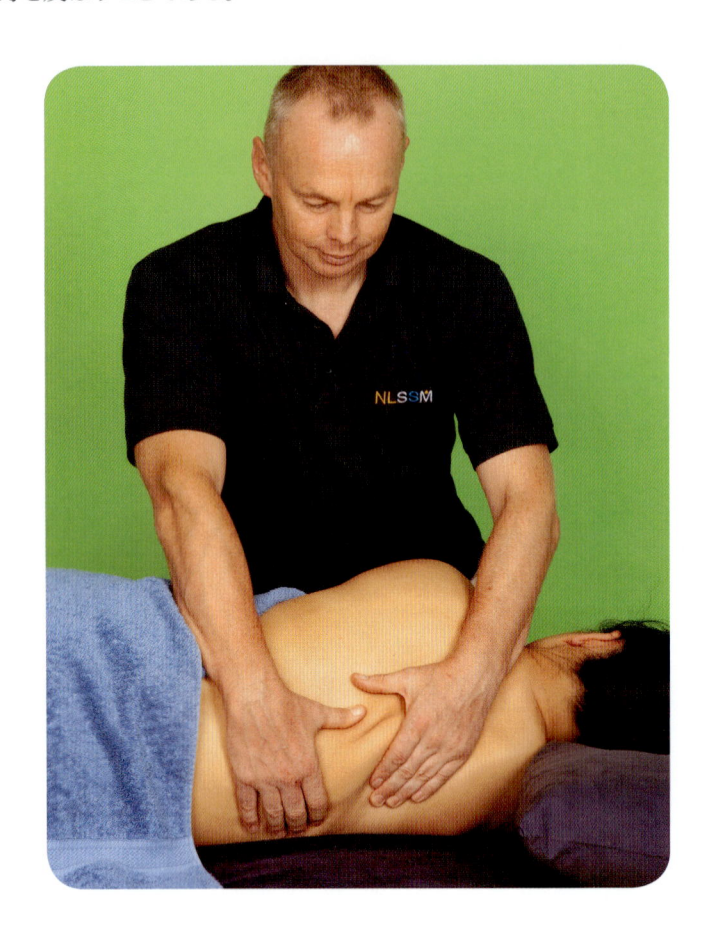

8　側臥位でのスポーツマッサージ

　側臥位で骨盤部を施術するときは、ベッドを低くすること。腹臥位と側臥位における患者の骨盤の高さの違いは重要である。

骨盤部のマッサージテクニック1

　片方の手で患者の股関節を固定しながら、もう片方の手でストロークを適用し、脚から動きと力を及ぼす。肩をリラックスし、腕を伸展して、円、横、縦方向のストロークを用いる。前腕と肘は、施術の姿勢を損なわずに深いストロークをかけられるため、この肢位では強力なツールである。これらのいずれかを用いる場合、姿勢のアラインメントを維持し、前腕や肘で適用できる深さが深くなることに注意する。患者の不快感を観察し、ゆっくりと施術すする。

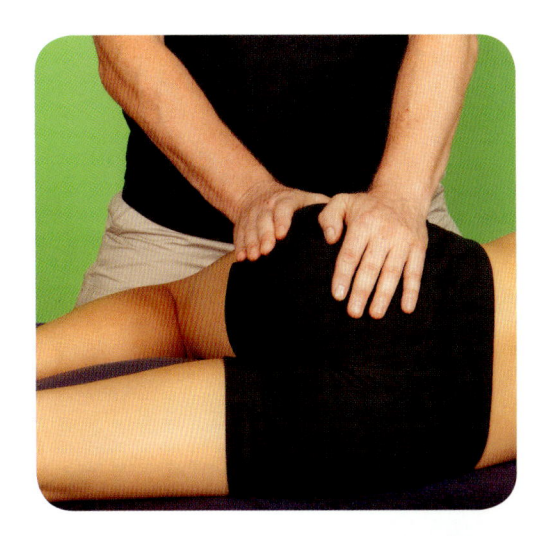

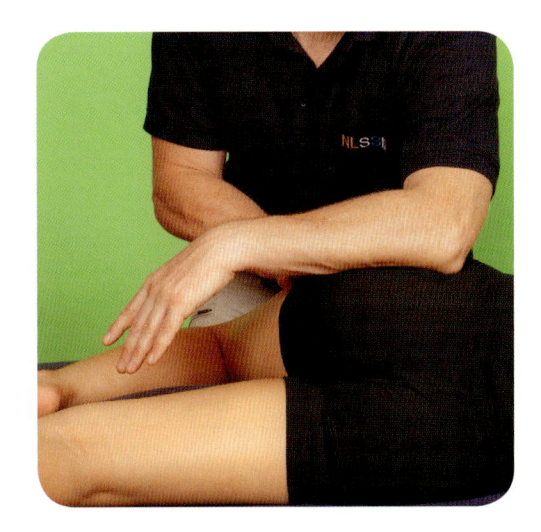

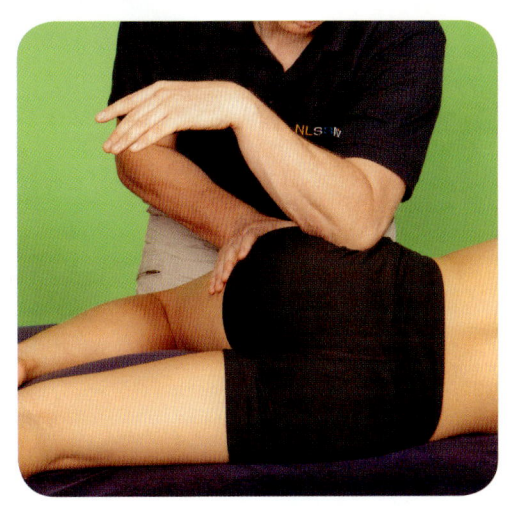

　注意　肘か前腕のいずれかを用いる場合、手を楽に降ろして、手と手首をリラックスさせておく。こうすることで、動きの侵襲性と硬さが除かれる。

大腿部のマッサージテクニック１

　このテクニックは、大腿外側に適している。大腿外側に沿ってストロークを適用するときは、痛みを及ぼす場合があるため、圧の深さをコントロールする。手首は90度ではなく約45度にして、骨に組織を圧迫しないようにする。大腿部の上部まで組織を快適に押す。伸展した腕を使って動きから離れて立ち、脚を使って大腿部に沿って組織を押す。２方向から足のこの部分にアプローチシテ、縦方向または横方向のストロークを適用できる。

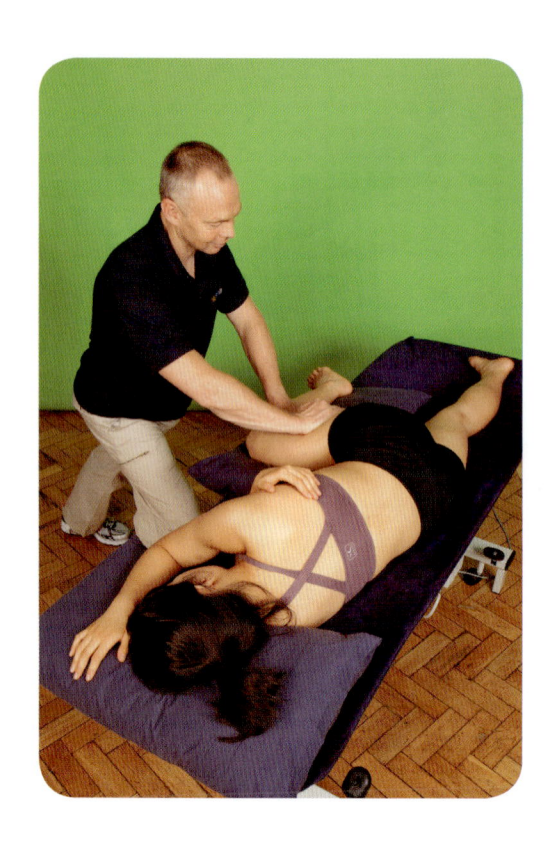

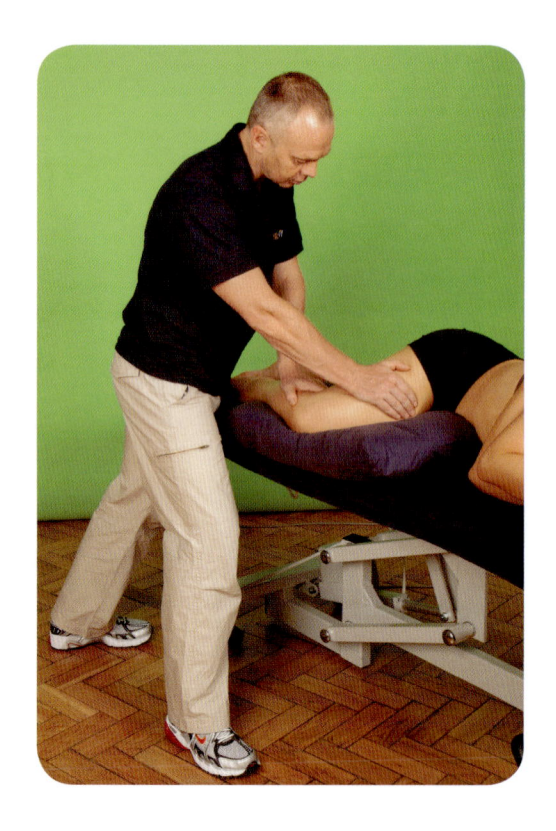

大腿部のマッサージテクニック2

　このテクニックは、大腿部と脚部の両方に適している。患者の脚を真っ直ぐに休め、上側の脚を90度に曲げる。これにより、施術の肢位が安定する。屈曲した脚全体の下に枕を置いて支え、患者の体幹が真っ直ぐになるよう腰の角度を調節する。この肢位では上側と下側の両方の脚に到達でき、横方向または縦方向に様々なテクニックを適用できる。

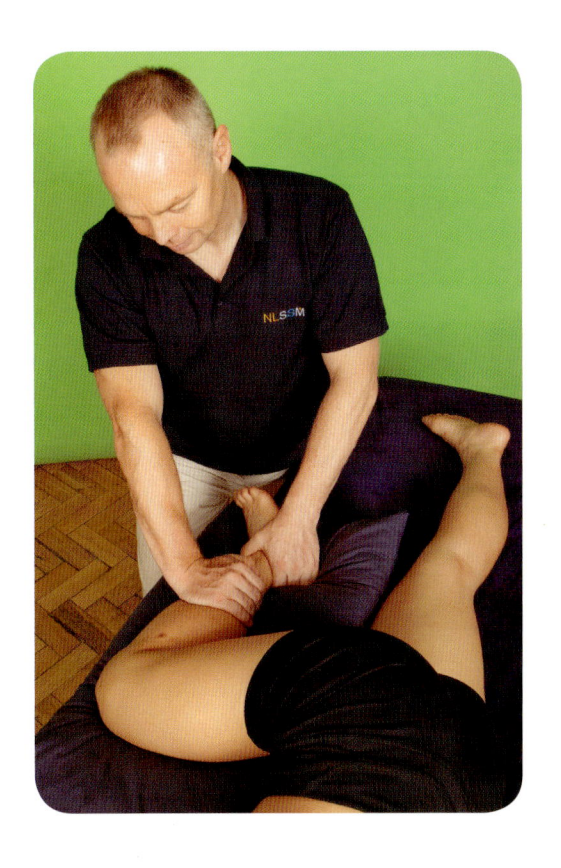

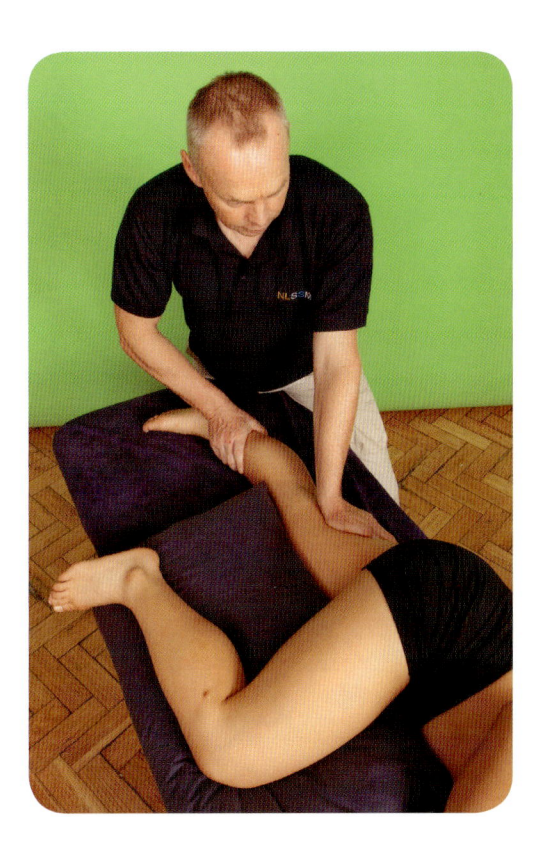

注意　下側の脚の施術から上側の大腿部の施術に移るときに、セラピストは脚の姿勢を変えること。施術の姿勢を適切に調整する（上側の大腿部を施術するときは、ベッドに顔を向ける必要がある。下側の脚部を施術するときは、ベッドの頭側に顔を向ける必要がある）。どちらの姿勢も、非対称的なスタンスをとる。

問題 (解答p.158)

1. 側臥位の患者のどこに枕やクッションを置くか？
2. 患者が側臥位のとき、ベッドの高さを低くする必要があるのはなぜか？
3. 側臥位を用いるのが適しているのはどんなときか？
4. 側臥位で患者の上側の脚を90度にし、下側の脚を真っ直ぐ伸ばす必要があるのはなぜか？
5. 患者の肢位を安定させるために患者に指示することは他にあるか？

パート IV

スポーツマッサージの プログラムおよび管理

第9章では、診察と、触診、視診および運動テストなどの理学的評価方法を用いた診断技術の向上について扱う。これにより、適切な治療目標を設定するための正しい結論を導き出すことができる。患者が診察を受けるたびに来院を要する手順であるため、本章を何度も参照することが有用である。すべてのセッションに、本章で説明するそれぞれの評価方法の要素が含まれるが、必ずしもすべての評価方法が必要ではない。

イベントでの施術は、スポーツマッサージセラピストが得がたい経験を得られる分野である。第10章は、イベントマッサージの種類とどの種類のテクニックが適しているか、マッサージの時間、実施場所、確認を要する禁忌について説明する。冒険心を持ち、企画の才がある人であれば、「イベントの企画」の項も興味深いだろう。

第11章は、様々な分類と、パラリンピックなどの身体障害者のスポーツを含む一般的な症状の概要を述べる。アスリートに求められる生理学的および身体的要求についても概説する。また、アスリートのニーズに合う適切な治療を提供するために必要な治療の検討と修正についても取り上げる。

患者の評価

　患者の評価は、主観的、客観的および解釈的段階に分けられる。主観的評価段階では、セラピストは記述と口頭でのコミュニケーションから情報を得る。これは、病歴聴取の段階と考えられる。客観的評価段階では、テストと視診が行われる。この段階は、触診および関節可動域の評価を含む評価の実践部分である。解釈的評価段階では、入手した情報を編集および統合し、目的を設定し、治療計画を立てる。治療のアプローチを変更しなければならない場合は多くあるため、評価と目標設定はセッションごとに行われなければならない。患者のニーズに適切に対応するため、セッション間でおよびセッション内で再評価を行うことが重要である。

主観的評価

　主観的評価段階では、治療の禁忌を特定し、患者のトレーニング、ライフスタイルおよび目的についての関連データを集める必要がある。また、治療の効果を測定するためのベースラインを特定しつつ、施術の必要な部位を判断することも必要である。情報の質や量は情報を集める方法に左右されるため、よりよいコミュニケーションと調査スキルが必要である。

コミュニケーション

　完全な病歴を把握するには、よいコミュニケーション能力と聴取能力が必要である。効率的に調べるためには、会話的および会話以外のあらゆるスキルを要する。よいコミュニケーションを築くための最初のステップは、患者に最大限の関心を払い、患者のニーズに注目できることである。自分が患者の言葉を遮っていることに気付いた場合は、心を落ち着ける必要がある。患者が説明をし終わるまで待ち、その後、患者が話したと思われることを要約して、理解を明確にする。

　その他、患者からの情報を収集する上で重要となるのは、顔の表情や患者が身体をつかむ様子などといった言外に表れる手掛かりである。これらは、患者が口にしていないことやどのように感じているかについて重要な手掛かりとなる。ジェスチャーにも軟部組織の状態が現れる。例えば、患者が手で引っ張る動作をするときは、組織が張っており、ストレッチが必要であることを示している可能性がある。

患者の病歴

　患者の病歴には、過去の損傷、疾病、外科手術に関する情報が含まれる(病歴申告書については、116ページの図9.1を参照のこと)。これらの情報は有益であり、軟部組織の現在の健康状態に影響しているものが示される場合が多い。この情報を集める最善の方法は問診である。セッションの前に患者に申告書を記入してもらえば時間の節約になるが、望ましい調査を行う機会は損なわれる。117ページの図9.2の質問は、この問診の準備に役立つ。

　患者の問診は、治療の関係を構築し、言外の手がかりを観察する機会となる。問診の間、次のことも明らかにする必要がある。

- 個人情報と連絡先。早急に連絡する必要がある場合に備え、すべての患者の電話番号とメールアドレスを聞く。
- 身体的、精神的な現在の健康状態。家族関係や仕事による極度のストレスは患者の現在の身体的健康状態に影響する。
- 軟部組織の現在の健康状態(急性、慢性または急性／慢性)。急性化した慢性状態のみられる患者の場合、まず急性段階を治療した後、慢性症状に対処する。
- 患者のトレーニングのメニューまたは活動のレベル：頻度、種類、トレーニングの時間、および強度。休息日を取っている場合はそれも把握する。
- 患者の時間の過ごし方。患者の活動が患者の筋の発達に及ぼす影響と、姿勢および動きにどのように影響しているかを検討する。
- 患者の状態に影響を及ぼすその他の内的および外的要因(年齢、性別、器具など)。
- 患者がセッションに何を望んでいるか、患者の望む状態、短期および長期目標。

病歴

氏名：	電話番号(自宅)：	電話番号(職場)：
住所：	携帯番号：	生年月日

医師名／電話番号：
住所：

職業：	体重：	身長：
服用中の薬：	紹介あり？	
最近の手術または疾病：	妊娠：	

循環器系の問題： (心臓、肺水腫、高／低血圧、循環不良)	
呼吸器系の問題： (喘息、気管支炎、アレルギー性鼻炎)	
皮膚疾患： (皮膚炎、アトピー性皮膚炎、過敏症、真菌感染)	
筋骨格系の問題： (線維筋痛症、骨折歴)	
神経系の問題： (坐骨神経痛、てんかん、片頭痛)	
泌尿器系の問題： (膀胱炎、カンジダ症、腎臓の異常)	
免疫系の問題： (風邪をひきやすい、免疫状態の低下)	
婦人科系の問題： (月経前症候群、更年期、ホルモン補充療法、不規則月経)	
ホルモンの問題： (糖尿病)	
消化器系の問題： (消化不良、便秘、過敏性腸症候群)	
ストレス関連または精神的問題： (うつ、不安症、パニック発作、気分変動)	

免責事項：私は、治療に関するあらゆる情報を漏らさず伝え、私の受ける治療のすべての責任を理解し受け入れることを、私が知る限り確約します。また、この申告書に詳述される正しい情報は私が提供したものであり、これらの環境が変化した場合はセラピストに知らせるべきであることにも同意します。

患者署名：＿＿＿＿＿＿＿＿＿＿＿＿＿＿＿＿＿＿＿＿＿＿＿＿＿＿＿＿＿＿＿＿

セラピスト署名：＿＿＿＿＿＿＿＿＿＿＿＿＿＿＿＿＿＿＿＿＿＿＿＿　日付：＿＿＿＿＿＿＿＿＿

【表9.1】すべての患者が病歴申告書を記入する。
©『スポーツマッサージ』(S・フィンドレイ著／ガイアブックス)。
『Soft tissue release』(Champaign、IL:Human Kinetics) (2009年、J.Johnson)、p.139より許可を得て転載。

初回質問票

患者名：	日付：

1. どうなさいましたか。

2. 問題のある箇所はどこですか。

3. いつからですか。

4. どのようなきっかけで始まりましたか。

5. 改善または悪化しましたか、それとも同じ状況ですか。

6. 何か悪化させることはありますか。

7. 何か改善させることはありますか。

8. この症状についてこれまで治療を受けたことがありますか。それは効果がありましたか。

9. 以前にこの症状にかかったことはありますか。

10. 以前にここと同じ部位に損傷を受けたことはありますか。

11. あなたの感じる不快感の種類を表現できますか。

12. この症状はあなたの仕事や私生活にどのように影響しますか。

13. 他に私が知っておくべきことはありますか。

【表9.2】この初回質問票を用いて、治療の理由を特定し、患者の病歴を評価する。
©『スポーツマッサージ』(S・フィンドレイ著／ガイアブックス)。
『Soft tissue release』(Champaign、IL:Human Kinetics)(2009年、J.Johnson)、p.133より許可を得て転載。

適切な治療計画を立てるため、患者の症状の発生に影響を及ぼしたと考えられる内的および外的要因を検討する必要がある。内的要因は基本的に患者自身の内的な要素に関連するのに対し、外的要因は損傷の発生に影響を及ぼし得る外的な状況である。内的、外的それぞれの状況の例を以下に挙げる。

【内的】
- 体力－健康状態はどうか。
- 身体組成－選択したスポーツに適っているか。
- トレーニングのテクニック－優れたコーチのサポートはあるか、または、その場しのぎでトレーニングしていないか。
- 解剖学的変異－脚長差はあるかまたはO脚か。
- 年齢－年齢が特定の栄養要件または治癒率に影響するか。
- 性別－解剖学的および心理学的影響はあるか。
- 過去の損傷－過去の損傷は完全に回復しているか、そうだとしても、現在の筋機能にどのように影響しているか。
- 心理学的要因－記憶力はよいか悪いか。どのような性格か。

【外的】
- 器具－何か装着しているか、正しく装着しているか。
- 環境－気候、標高、表面状態はどうか。
- トレーニングの頻度、強度、時間、種類－そのイベントのために十分かつ適切にトレーニングしたか。
- 試合－シーズンの最初か、緊張あるいは興奮しているか。

主観的な質問

　患者は必ずしも必要な情報すべてを病歴に正直に記入しない。個人的な理由ですべては話したくない場合もあれば、この情報は重要ではないまたは関係ないと信じている場合、あるいは、単に忘れてしまっている場合もある。患者の情報が所見とは異なると感じる場合は特に、必要なすべての情報を得るため、マッサージセッションの間は質問を続ける。以下の質問は、急性の要素に関連する可能性のある慢性症状を調べるために役立つ。症状が急性損傷を呈する場合は、炎症と疼痛の性質や徴候に重点を置いて質問する。

- 損傷はどこですか。見せていただけますか。
- いつ起こりましたか。不明であれば、最初に起こったのはいつだと思われますか。
- 日常生活での主な問題と活動を説明できますか。
- これはスポーツにどのように影響していますか。
- 症状を悪化させることは何ですか。
- 症状を緩和することは何ですか。
- 何か不快なことはありますか。それを説明できますか。
- このために何か薬を服用していますか。
- これに影響を及ぼした過去の症状はありますか。
- 以前にこの損傷を発症しましたか。
- 損傷が起こったときの詳しい状況は分かりますか。発症は、突然ですか、外傷性ですか、または徐々に進行しましたか。
- 現在の徴候や症状はなんですか。
- 症状は改善していますか、または、悪化していますか。
- この症状のために何か治療を受けましたか。どんな治療を受けましたか、効果がありましたか。
- どんな検査を受けましたか、どのような結果でしたか。
- どのようなトレーニングメニューをこなしていますか。
- スポーツマッサージを受けて目標を達成したいと思いますか。
- 短期的および長期的にどのような目標がありますか。

臨床上の留意点

かつて患者の下肢をマッサージしたとき、触知した筋の緊張と筋の発達について、私のやっていたスポーツやポジションでは完全には説明できなかった。このことを患者に尋ねると、患者は子供のころギブスを装着していたことを教えてくれた。患者はそれが重要であり、筋の発達やこれまでの行動に影響を及ぼしていたとは知らなかったのである。質問を続けることは大事である。

客観的評価

　口頭および書面でのすべての情報を収集したら、病歴の機能的コンポーネントに移ることができる。基本的に含められる評価は、軟部組織の触診、疼痛評価、姿勢の評価、関節可動域のテスト、筋の機能テストである。（機能的歩行分析および生体力学的評価は評価プロセスの重要なコンポーネントだが、より高度なトレーニング経験と実践経験を要するため、本書の範囲を超えている。）

　様々な評価ツールを用いて、最終的な分析において証明または否定するために役立てる。個々の情報そのものが重要ではないため、個別化するのではなく、総合的な評価に基づいて決定する。医療では、患者の状態を判断するために用いられる調査の原則は消去法である。これは、患者の健康状態を確証あるいは否定するための一連のテストを患者に実施して行う。スポーツマッサージでも同様に、様々なテストを用いて、呈する症状に考えられる理由を確証または否定する。これらの評価を実施する順

番は任意である。患者は基本的にあまりに動くことは好まない。多くの患者が、腹臥位や背臥位でマッサージを受けるものだという先入観を持っている。論理的な方法で行うことで、患者の肢位変換の回数を最小限にし、心も身体もリラックスした状態に保つことができる。

触診

　触診は、マッサージセラピストの主要なツールである。軟部組織の触感から得たフィードバックは、問題が何であるか、それらの問題をどのように治療するかについての判断をするために必須である。触診のスキルは、ゆっくりとした思慮深い動きから身につけられるものであり、浅部から始めて深部組織へと移り、全身的なアプローチからより局所的な方法で行う。こうすることでより多くの情報が得られ、より熟慮された計画が実施できる。

　患者のフィードバックは、圧痛がある場合は特に欠かせない。検査の間、両側を比較することが重要である。影響を受けていない側から評価を始めると、正常な状態を認識できる。まず、以下に示す浅部の変化を探る。

- 皮膚の変化(挫傷、荒れ、色)
- 温度の変化(熱い[炎症]または冷たい[虚血])
- 浅部の筋の緊張亢進
- 筋膜制限、運動低下
- 癒着(組織の粘着)
- 圧痛
- 浮腫または腫脹
- ヒルアンドバレーパターン
  (筋または構造的な差)
- 皮膚摩擦抵抗(粘着性)
- 水和反応(乾燥または湿潤)

注意　視診の間、すべてのアザを記録し、大きさ、形、色、質感の変化を評価できるよう記録を続ける。人は通常、自分の背中を調べないため、背中にアザがある場合は特に有用である。

浅部の観察の後、深部構造の触診に移り、以下を評価する。

- 軟部組織の可動性
- 圧痛
- 浮腫(鬱血または湿潤性／慢性、硬い／急性)
- 深部の筋または筋膜の緊張
- 線維化(瘢痕)
- トリガーポイント

　触診は寡黙に行う。眼は閉じて、役割を指に引き継ぐ。これにより感度が増し、より多くの所見が得られる。

疼痛評価

　疼痛は極めて個人的な経験である。疼痛に対する各自の理解、忍容性および対処メカニズムは独特であるため、疼痛評価は難しい。このため、個々の患者のニーズに敏感であり続けるとともにできる範囲内で施術を行う必要がある。組織に圧力をかけ、患者が心地よいと言うとき、その圧力が鎮痛効果を作り出していることが示唆され、患者はその方法で続けることを希望する。筋が収縮する場合、あるいは、

セラピストの適用している動きに対して患者が押し返す場合は、有害な疼痛であることが示唆される。会話が可能な患者は、感覚を言葉で表現し、痛むときはそれを伝える（その種類の痛みが患者にとってよいものだと患者に伝えることは適切ではない）。患者が不快感を覚えるその他の徴候としては、発汗、浅い呼吸、息を止める、拳を握りしめる、他の身体部位を触りだすなど様々である。前述の通り、言葉での合図は分かりやすい手掛かりだが、患者が非常におとなしくなったり、笑わなくなったりする場合もある。評価プロセスの間、投薬や糖尿病などの疾患のような、痛みを感じる能力を抑制する要因がないか確認する。

疼痛を評価するとき、どの構造に影響が及んでいるかをできるだけ迅速に判断する。表9.1は、疼痛に対する軟部組織の様々な種類の反応を比較することによって、関連する構造を特定するために役立つ。患者がそれを感じるのはいつか、動きの開始時または終了時のいずれか、患者は自動運動、運動抵抗または他動運動の間にそれを感じるか否か。

身体は、部位への動きや負荷を最小化することによって疼痛を避けるよう自然に反応する。これは、損傷した部位を固定して「筋性防御」を適用するか、または、楽で不自然な肢位に身体を固定することによって起こる。これにより、身体全体に代償パターンが作り出され、筋使用の変化に順応する。この変化が対処されないまたは修正されなければ、二次的な問題を及ぼすパターンが確立される。マッサージセラピストの仕事の1つは、これらの代償パターンを解明することである。新たなパターンを再度確立し促進するためのカギは、系統的かつゆっくりと施術することである。さもなければ、筋性防御反応を再び作用させることで組織が反応する。

表9.1　損傷を受けた組織の疼痛行動

	自動運動	自動運動抵抗	他動運動
筋	■筋の収縮を含む、運動の開始時の疼痛	■筋の収縮を含む、運動の開始時の疼痛	■筋の他動ストレッチ時の疼痛
腱	■筋の収縮を含む、運動の開始時の疼痛	■筋の収縮を含む、運動の開始時の疼痛	■疼痛の部位によって筋の問題と区別される、筋の他動ストレッチ時の疼痛
靭帯	■靭帯が伸張するときの可動域終端の疼痛	■疼痛なし	■靭帯が伸張するときの可動域終端の疼痛
関節包	■多くの可動域終端の疼痛（また、可動域は癒着により制限される場合がある）	■関節包が腫れない限り疼痛はない。圧縮または緊張の結果筋が収縮するとき、疼痛がある。	■多くの可動域終端の疼痛（また、可動域は癒着により制限される場合がある）

疼痛に対する患者の忍容性に影響を及ぼす要因としては、性格、社会的背景、過去の経験および現在の健康状態が挙げられる。より正確にテクニックを選択、実効できるよう、これらの要因が疼痛に対する患者の感覚と反応にどのように影響するかについて説明する。

注意　組織がマッサージを受けられるほど十分健康であるか否かを判断する有効な方法は、その部位を母指で圧迫してみることである。10秒以内に疼痛が治まる場合はマッサージが適している。10秒の間に痛みが増す場合は、急性期であるため、急性期に適した手順を実施するべきである。

　以下の原則は、軟部組織を健康な状態に戻すために役立つ。まず、組織の上を動く速度を決める。弛緩するまで待ち、動く前に触れる。速く動き過ぎると、不要な疼痛を及ぼし組織を傷つける場合がある。過度の治療はしないこと。過ぎたるは及ばざるがごとし、を肝に銘じる。すべての施術の最後はフラッシングおよびリラクゼーションテクニックで締めくくり、回復のプロセスを促す。患者が痛みについてどのように感じるかを常に尊重し、親身に話を聞くこと。患者からの情報は最も有用であり、圧を軽くしたり速度を遅めたりするときの指針となる。これらの原則を適用することによって、より良好な結果を得ることができる。

注意　マッサージするときは次のことを心に留める。

- 過ぎたるは及ばざるがごとし
- 部位をもみほぐす
- 組織と協調しながら施術する
- 患者のフィードバックを尊重する
- 動きを遅くし、反応を知覚する
- 軽い圧から始め、必要に応じて深くする

疼痛スケール　疼痛への忍容性は疼痛の閾値とは別物である。疼痛の閾値は人が痛みを感じ始めるポイントであり、疼痛への忍容性は人がどの程度の痛みに耐えられるかを意味する。疼痛スケールは、この疼痛の閾値を測定する有用な方法である。各治療の前、中間、後、および、セッションごとの疼痛の程度を把握できる。これは経過を測定および改善する実質的な方法であり、治癒の経過が遅いと思われるとき、変化があり、望みがあることを患者は確認することができる（当然、実際に良好な変化がある場合のみ施術する）。疼痛スケールは、様々な方法で使用できる。1つの方法としては、疼痛を軽度、中等度、重度として患者から口頭でフィードバックしてもらうことである。別の方法は、0を痛みなし、10を耐えがたい痛みとする0～10の尺度で、痛みの評価をモニタリングする。

　治療の間、疼痛や不快感の程度をモニタリングして、施術の強度の感覚をはっきりつかむために役立つ（理想としては、8を超えない、6か7が望ましい）。どうすることが心地よいかをもっとも適切に示し、もっとも適した施術の深さや速度を教えてくれるのは患者である。

主観的な質問　このセクションは疼痛を特別に扱っているが、患者の覚える感覚自体は痛みではない。まず、患者が何を経験しているのか、すなわち、どのような徴候を呈しているかをより慎重に尋ねる。患者にそれを名づけさせ、患者自身の言葉で説明させる。こうすることで、患者の感じていることが正直に説明される。以下の質問は、疼痛の評価に特有のものだが、患者が経験していることであれば、「不快感」などの別の言葉を用いてもよい。

- いつ、どのように痛み（不快感）が始まったか。ゆっくり始まったか、それとも突然始まったか。
- どのような感じか。説明できるか。
- 重度を1〜10で表すとどれか。
- どうすると緩和されるか。以下のような緩和要因はあるか。
  - 動き（慢性的な緊張）
  - 休息（急性）
  - 肢位（原因の指標）
  - 熱さ（筋性）
  - 冷たさ（炎症）
- 1日の間に変化するか。あるとすればいつか。
- 頻度はどうか、毎日、1日中、間欠的のいずれか。
- 時間の経過に伴って緩和したかまたは悪化したか、あるいは変化なしか。
- 何が原因だと考えられるか。
- 他の場所に放散しているか。
- 他に関連する要因はあるか。
- 痛みについてどのような検査を行ったか（X線、スキャン、血液検査、神経検査など）。
- これまでに治療を受けたことはあるか、あるとすればどのような治療を受けたか。効果はみられたか。
- この痛み（不快感）がトレーニングにどのように影響するか。
- この痛みに関連しないその他の医学的症状はないか。それについて投薬など、医師の治療を受けているか。
- そのために他の専門医の診察または手術を受けたいか。

記述語 疼痛の記述語は、症状を明確に評価および表現する有効なツールである。診断ツール自体としての疼痛は不十分であり、決して必要な情報すべてを提供するものではないが、情報に基づいた決定を行うため、評価を通じて行うことが重要である。状況によっては、別のヘルスケア専門家に患者を紹介する際、症状の記述を基にすることが適切である。以下の記述語は、身体系のどの部分に影響を受けているか、あるいは、疼痛がどのような症状と関連するかを知る手がかりとなる。

鋭い ── 急性、神経症状と関連する可能性がある

鈍い ── 骨性、慢性の症状

深い ── 構造によって、慢性、骨性または神経症状に関連しうる

突き刺すような ── 骨性の症状、関節炎または癌

うずくような ── 慢性の症状

這うような ── 解剖学的または中枢神経系から来る症状

ひりひりする─筋膜の症状、脊髄損傷、神経痛または線維筋症が示唆される

放散する ── 非筋性または関連する筋症状の可能性

ずきずきする ── 血管性の症状、および、急性の炎症

刺すような ── 皮膚の症状

突くような／直線状の／刺激的な ── 神経症状

疝痛 ── 内臓の症状

急性徴候　急性徴候は、緊急の医学的治療や至急の紹介が必要であることを示す指標である。患者が以下の症状を呈しており、腰痛または坐骨神経痛に関連しているかまたは最近自動車事故にあった場合は、医師に紹介する。これらの症状自体は、基本的には紹介を要するほど重篤なものではないため、ある程度の臨床的判断が求められる。疑わしい場合は、念のために紹介した方がよい。

　　頭痛　──　明らかな筋骨格要因がない場合は特に考慮する
　　感覚異常　──　神経または血管の問題
　　しびれてピリピリする感覚　──　神経または血管の問題
　　動悸　──　心血管症状
　　めまい
　　睡眠障害
　　咳嗽とくしゃみを伴う症状　──　脊髄症状
　　押し広げられる痛み　──　脊髄症状
　　腸および尿路機能の変化　──　馬尾障害。神経症状の可能性も。

姿勢評価

　理想的な姿勢の人は楽に動き、痛みがなく、適切な身体的要求を満たすことができる。筋骨格系を効果的に使用することができ、それは筋の作用と関節の負荷とのバランスの上に成り立っている。

　姿勢筋の機能と、役割、相性筋、および、これらの筋の機能が損なわれるときに筋がどのようにふるまうのか、については多く語られてきた。姿勢筋は多くの場合、疲れることなく長時間、低レベルの緊張を保って機能する。バランス不良を起こしたとき、姿勢筋は短縮して活動亢進状態になると考えられている。運動を及ぼす相性筋は、筋力が低下して、不活性化し場合によって伸張する傾向がある（『Clinical Applications of Neuromuscular Techniquies Vol 1 (2nd Edition)』（Chaitow&Delany）、p.36を参照）。いずれの状況においても、筋の正常な機能が変化してアラインメントに影響し、関節のバランスを損ねる結果、姿勢不良に至る。

　関節の負荷が著しく増大することによって筋のバランス不良が起こる。これらのバランス不良は、アスリートの運動遂行を妨げる健康および軟部組織の問題を引き起こす。以下の要因から筋のバランス不良および姿勢不良が引き起こされる。

- 誤った生体力学
- 過去の損傷
- 心理社会的問題
- スポーツまたは日常活動における要求
- 上記の複合

　筋骨格系の誤用、濫用または不使用から起こる症状は、筋膜の制限、代償性パターン、軟部組織の発育途中または過剰発達、および、一部の組織のミスアラインメントである。これらの症状は筋の長さとバラ

ンスパターンに反映され、治療決定を行う際に検討を要する。

　どの筋を目的とするか、どのテクニックを用いるかを決定するには、筋の作用を理解する必要がある。基本的には張った筋が周辺の伸張した筋より先に緩む。目的とする筋の緊張に変化が起こると、その周辺の筋の作用に影響が及ぶ。このため、軟部組織の症状を変化させたい場合、その他の影響を考慮する必要がある。注意深く検討し、綿密な計画を立て、段階的に施術して、好ましくない不安定性を及ぼすことなく身体が適応できる時間をとり、変化を繰り返し評価することが重要である。こうすることで、確実に意図する変化を誘発する。

評価　姿勢評価は患者が部屋に入るときから始める。これは、患者の自然な動き、顔の症状、基本的なエネルギーレベルを観察できる格好の機会である。公式ではないこの観察期間により、患者の日常の行動を見ることができる。患者は、観察されていると知ると、行動を変化させてしまう傾向がある(姿勢を正すなど)。

　トレーニングを始めるとき、筋骨格の変化を調べるために重錘が役立つ。このツールは、略式の観察において、自然な眼で差や異常な変化を見つけだせるようになるまで有用である。

注意　患者は観察されていると思ったとたん、自然な姿勢ではなく、正しいと思う姿勢をとろうとする。じろじろ見られることに対する患者の感覚と反応を考えてみてほしい。患者には、すべてのプロセスが威圧的に感じられるかもしれない。患者をよりリラックスさせるため、患者の姿勢を直接見るのではなく、楽な会話の合間を続けながらさりげなく観察する。評価の時間を最小限に収めること。

　重錘を使って姿勢評価を行うには、患者に立ってもらい、身体に沿って重錘をさげる。こうすることで、垂直線および水平線に対する骨と軟部組織の指標を評価することができる。重錘は簡単に使用できる。長い紐を用意し、端に重りをつけ、患者の側方、前方、後方のいずれかで垂れ下げるだけである。後部、前部、側部の姿勢評価は126-128ページに概説する。

注意　患者が脚を広げて立っているか、あるいは、無理に不自然な姿勢で立っていると思われる場合、10回ほどその場で足踏みしてもらう。こうすると通常は自然な姿勢に戻る。

後面

患者に、自然な姿勢で足を広げて立ってもらう。重錘を患者の身体に触れないよう、両足のかかとの中間に垂らす。

【観察】

はい	いいえ	肩の位置は水平か。
はい	いいえ	肩甲骨の高さと位置は均等か。浮き上がっているか。
はい	いいえ	脊椎は側弯しているか。
はい	いいえ	頭が片側に傾いているか。左右どちらに傾いているか。
はい	いいえ	両腕の位置は対称か。
はい	いいえ	わき腹のたるみの数は均等か、対称か。
はい	いいえ	腸骨陵の位置は水平か。
はい	いいえ	脊椎傍筋は発達しているか。
はい	いいえ	尻のたるみの位置は水平か。
はい	いいえ	膝裏のしわの高さは均等か。
はい	いいえ	足は対称に離れているか。
はい	いいえ	アキレス腱は偏位しているか、あるいは、対称か。
はい	いいえ	かかとに対するくるぶしの位置は対称か。

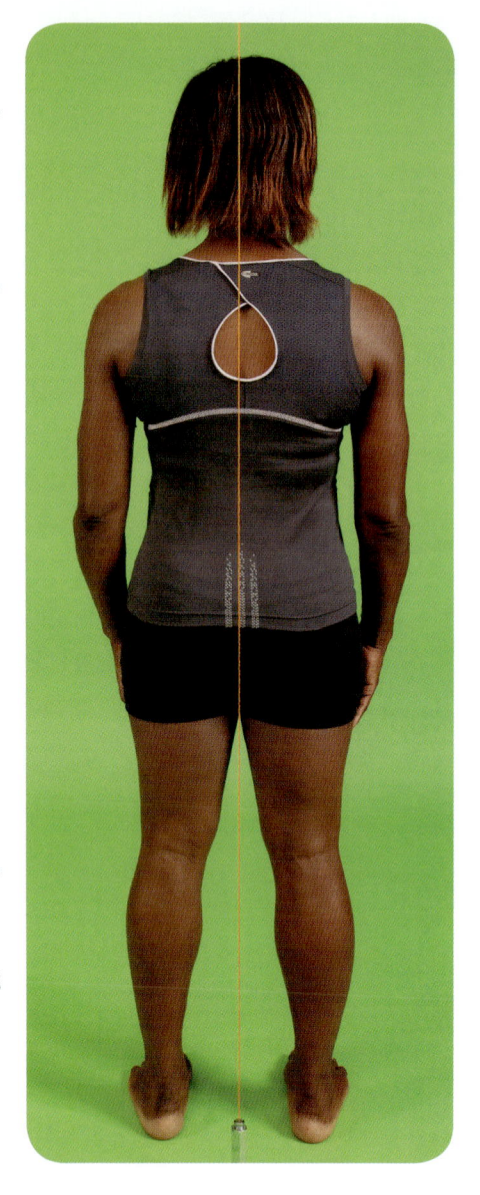

©『スポーツマッサージ』(S・フィンドレイ著／ガイアブックス)

前面

　患者に、自然な姿勢で足を広げて立ってもらう。重錘を患者の身体に触れないよう、両足のかかとの中間に垂らす。

【観察】

はい　いいえ		頭が片側に傾いているか。左右どちらに傾いているか。
はい　いいえ		肩の位置は対称か。
はい　いいえ		鎖骨のラインは水平か。
はい　いいえ		指先は身体の側面の同じ位置にあるか。
はい　いいえ		腸骨陵の位置は水平か。
はい　いいえ		膝蓋骨は偏位しているか、内側、外側どちらに偏位しているか。
はい　いいえ		足のアーチは正常か。扁平かまたは曲がりすぎているか。
はい　いいえ		足は回内しているか。

©『スポーツマッサージ』(S・フィンドレイ著／ガイアブックス)

側面

患者に、外果のすぐ前に重錘が通るよう立ってもらう。重錘が以下の位置を通ることが理想である。

- 足首のやや前方
- 膝の中心よりやや前方
- 股関節の中心のすぐ後ろ
- 肩関節の中心
- 耳たぶ

【観察】

はい　いいえ　頭のバランスは取れているか。

はい　いいえ　肩は回内しているか。

はい　いいえ　脊椎が過度に湾曲しているか。脊柱前弯または脊柱後弯か。

はい　いいえ　正常な脊椎湾曲が逆転しているか。

はい　いいえ　腕が身体側部にあるか。後ろまたは前にずれているか。

はい　いいえ　膝はリラックスしているか。

はい　いいえ　膝が伸張しているか。

はい　いいえ　身体全体が回旋しているか。

©『スポーツマッサージ』(S・フィンドレイ著／ガイアブックス)

横方向のわずかな偏位は正常である。対称な身体などなく、両側を比較したときに何らかの不一致があるからと言って異常ではない。調べることは、正常な形状、位置および同等性である。

姿勢評価で収集した情報から、どの筋骨格系に負荷がかかっているかをよく知ることができる。所見から行うことは、何が問題か、および、治療の目標によって異なる。正確な治療計画を立てるため、他のすべての評価を含めた最終分析を行うことが必要である。

関節可動域測定と筋機能

関節可動域（ROM）測定の目的は、効果的なバランスを作り出すためにどの筋を対象とすればよいのかを情報に基づいて決定する上で有用である。関節の安定化やアスリートの運動性能の改善を目的とするために構造の張りを高めたり緩めたりすることが適切ではない場合もある。従って、どの筋に障害がありどれがアスリートの運動性能を強化するかを理解することが必要である。アスリートに関わるには十分な運動の理解が必要であり、本書の範囲を超えている。本項では、基本的な知識を提供し、正常なおよび異常なROM、筋機能および筋力を調べるために必要な評価スキルの認識を促すことを意図する。制限と筋力を判断し、改善を測定するために役立つ。

注意 関節可動域測定では以下のことを評価する。

- 関節可動域の増大または減少
- 疼痛
- 筋力の増大または低下
- 動かしやすさ
- 関節のエンドフィール
- 結合織性
- 軋れき音（あつれき音）

筋系を評価するとき、独立した筋ではなく、相互に作用する1つの完成したユニットとして作用するということを忘れない。筋骨格系の一部のバランス不良が身体の他の構造に影響を及ぼす。患者を評価するときに、個々の筋または関節を注視するのではなく、軟部組織の機能全体を評価することが常に重要なのはそのためである。身体のすべての負荷を吸収するよう設計された筋はなく、筋のふるまいは統合された機能のバランスである。スポーツは反復動作を必要とし、非対称な動きを構成するため、これらの動作が正常なバランスを損なわせ、一部の構造に多大な要求をすることによって損傷のリスク増加を及ぼすことは多い。

負荷は、過去の損傷、微小外傷、姿勢の変化および精神的ストレスによっても引き起こされる。微小外傷の場合、気づかないまま損傷する場合がある。小さな部位に癒着が形成され、周辺の組織に負荷がかかる。これらの癒着は最初はごく小さいが、組織の正常機能を阻害し、周辺部位の組織の損傷をさらに引き起こす。遂にはより大きな組織へと広がる。

膝の痛みと腰の不調を訴えるランナーの例を考える。元々、症状はほとんど存在しなかった。6カ月前に両ふくらはぎに軽い痛みが始まった。痛みはずっと起こるわけではなかったが、走った後は頻繁に、両方のふくらはぎに張りを感じた。遂に、走った後は必ず不調を覚えるまでに進行し、走り始めたときに不快な緊張が起こり、筋が温まると間もなく消えるようになった。数カ月後のある朝、初めて、体重が支えられなく、すなわち、かかとを床につけられなくなった。走り始めたとき、不快が和らぐまで非常に長い時間がかかった。最近は、走るときにかかとを床につけないようにしており、走るときは常に膝に痛みがある。この患者の症状は、腰の問題をも含むに至っている。

これは、微小外傷が小さな緊張から全身の問題にまでいかに発展しうるかを示している。筋の機能と組織が悪化して、代償性パターンが構築されるシナリオである。マッサージは、軟部組織テクニックを用いて癒着を断ち、筋の緊張をほぐすことによって、こうした状況を回避する上で重要な役割を果たす。

自動および他動ROM測定 ROM測定の目的は、患者の自動・他動両方の可動域を調べることである。感覚(動きが容易かまたは固いか、など)だけでなく、患者が動かすことのできる距離も評価する。痛み、運動制限、軋むような音(クレピタス)があれば特定する。

自動運動測定では、患者に自分で運動をさせる。これは、患者の快適な可動域を評価できる利点がある。自動ROM測定は関節痛と筋痛を区別するためにも役立つ。自動運動において知覚する痛みは、軟部組織の問題を示す場合が多い(筋または腱)。他動運動における感覚は関節や骨に関連する骨痛を示す場合が多い。

自動・他動ROM測定のいずれも、正常な可動域で患者を動かす。自動運動測定では、患者が自分の意思で行うまたは可能とすることを記録する。他動運動測定では、ROMの制限または過剰を特定し、筋力、動きやすさ、運動時の関節の感覚、終端感覚および結合織を評価することができる。他動運動測定の間に痛みがある場合は、その関節での運動を中止する。

可動域 測定される可動域は解剖学的肢位の中心線から測定され、矢状面、前額面、横断面で測定される。これらの検査は、関節で可能な正常運動を反映する(屈曲、伸展、回旋、外転、内転、分回し)。ROMが期待される角度より大きい場合は可動性亢進と判断され、小さい場合は制限されていることを意味し、可動性減少と判断される。必ず、手足と関節を身体両側で比較する。

131-132ページのROMの写真は、患者の正常性を評価し、所見を比較できる基本的な検査をいくつか示す。もっとも一般的な可動域検査を紹介しており、何を正常範囲とみなすかについての異なる見解に対処している。これらの写真は患者を評価するための基礎となるものだが、各患者の正常なROMはすべて同じではないことを心に留めておく必要がある。

基本的な可動域測定

頸部側屈 40-45 度

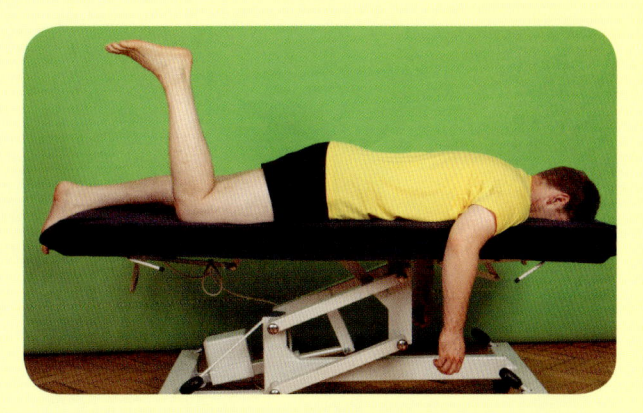

膝関節屈曲 90-140 度

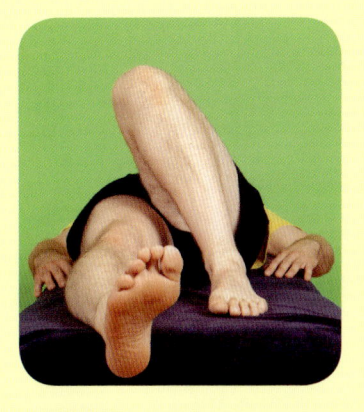

股関節内旋 35-40 度

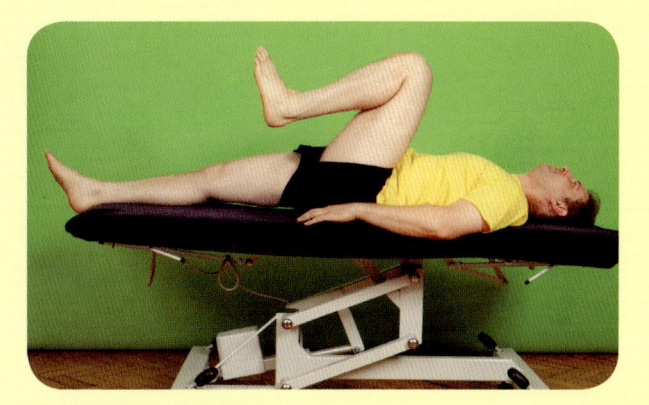

股関節屈曲 130-145 度

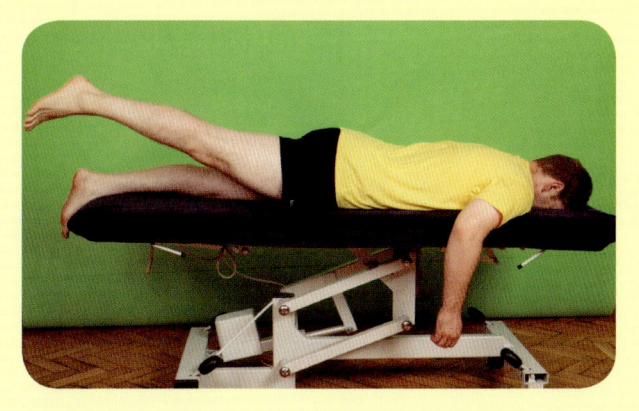

股関節伸展 10-30 度

（続く）

基本的な可動域測定（続き）

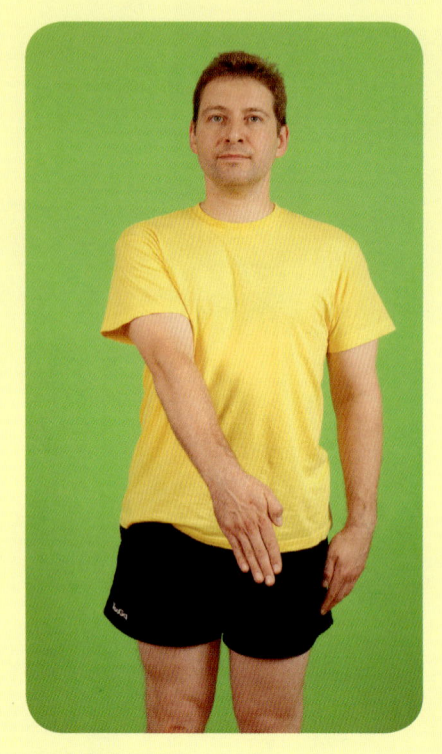

肩関節外転180度　　　　　　肩関節内転50度

正常所見と異常所見　正常な最終可動域は筋、腱、靭帯などの関節内の構造、あるいは、骨自体によって制限される。軟部組織ストレッチ（下肢伸展位ハムストリングスストレッチなどにおいて）の検査では、最終可動域に近づくにつれて、組織に弾性、すなわち、ゴムバンドが引き伸ばされたような感覚の緊張が増大する。関節包（肩などにおいて）での検査を実施している場合、皮などが引き伸ばされたような感覚を覚える。骨の終端感覚(肘の伸展などにおける)は、硬くて突然起こる。いずれの検査も、痛みが起こってはならない。

最終可動域のテスト

下肢伸展位ハムストリングスストレッチ　患者を背臥位にする。クッションと長枕をすべて外し、骨盤と身体を中間位にする。自動ストレッチでは、患者の片方の脚を頭の方へ真っ直ぐ上げながら、もう片方の脚はベッドの上に伸展させる。ベッドの上の脚の膝が屈曲し始めないかチェックする。持ち上げた脚も、膝が屈曲しないよう監視する。同時に、骨盤の様子も観察する。足を上げる間、骨盤の位置が変わらないようにする。この手順の間、痛みが起こってはならない。痛みがある場合は運動を中止し、患者が脚をベッドに戻すのを補助する。他動運動検査では、同じ手順を行うが、セラピストが動きをコントロールする。関節に負荷がかからないよう、膝の後ろで脚を支える。同様に望ましくない動きを観察し、それが起こった場合は、そこが患者の可動域の制限されるポイントであるため、その時点で検査を中止する。

肩の外旋と内旋　足を床につけた状態で患者をベッドの端に楽に座らせ、背中を支える。セラピストと患者の間に枕を置いて身体で患者を支えるか、または、ベッドの上に片脚を曲げてのせ、もう片方の脚を曲げて患者を横から支えるとよい。自動運動検査も他動運動検査も、患者は腕を肩の高さまで上げる。肩が上がらないようにし、腕は快適に上げることのできる高さまで上げる。肩の内旋、外旋いずれの検査も、患者の肘を90度屈曲する。この肢位を維持して、制限が感じられるまで前腕を前方または後方へ回旋する。

最終可動域のテスト　（続き）

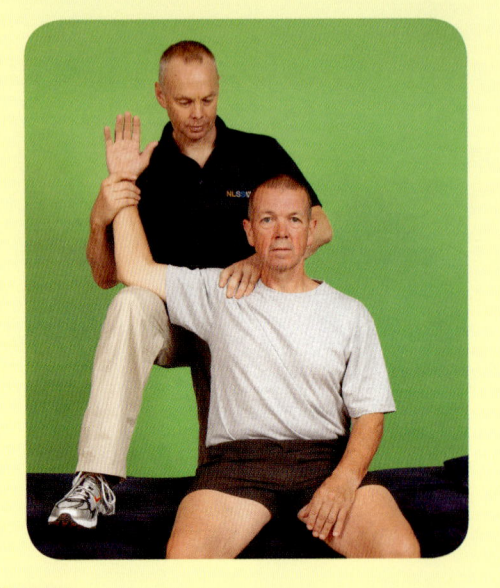

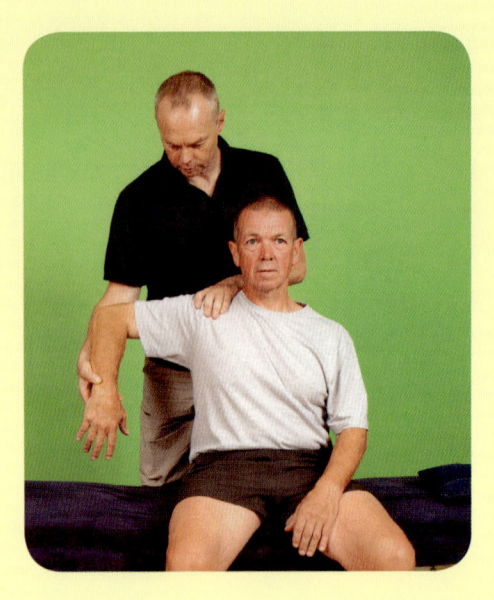

注意　患者が肩と同じ高さに肘が来るまで腕を挙げられない場合、患者は肩のインピンジメントまたは肩関節周囲炎（フローズンショルダー）を患っていると考えられる。さらに検査して、いずれの症状であるかを確証する必要がある。

肘の伸展　他の検査と同様、この検査は座位、あるいは、可動域を可能とするいずれの肢位でも実施できる。この検査では、ベッドの上に患者を座位にし、患者の腕を支える。腕を外側に伸ばして、異常な感覚を評価する。正常な感覚は、骨と骨がぶつかるときの硬い終端感覚である。

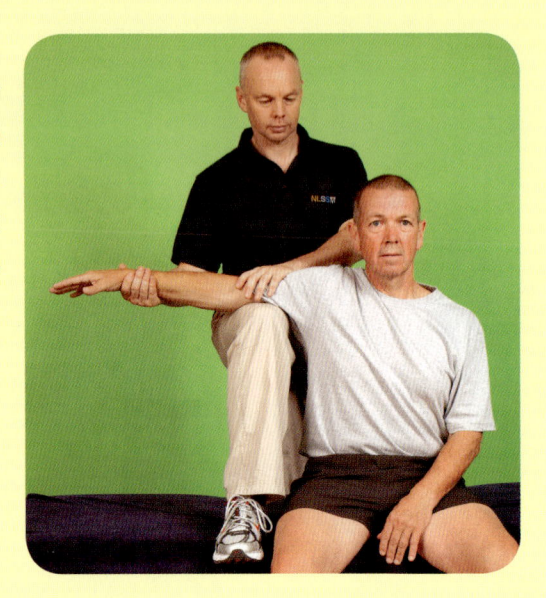

疼痛のため正常な最終可動域より前に肢に制限が起こる場合は、異常所見が示唆される。軟部組織、硬組織いずれの問題かに関わらず、その時点で運動を止める。疼痛への反射反応として筋痙攣が起こる場合がある。炎症のない組織の線維化により、最終可動域が減少する可能性がある。肩のように、皮膚が引っ張られるような正常なエンドフィールは制限される。柔らかいまたは軟らかい感覚は、関節内に浮腫があることを示唆する。関節が不安定である場合、重度の損傷があると考えられる場合、あるいは、関節内に異常な弾性または反発が感じられる場合は、専門医に患者を紹介する。

可動域の減少は姿勢の変化、組織の線維化、癒着、筋性防御、関節の変性、および、年齢や性別などの他の要因によって起こる。可動域の増大は、前述したとおり、関節の過剰な運動性または不安定性によって起こる。

運動の制限が（関節を保護し安定させるための）筋性防御によって起こる場合は注意する。変化は徐々に起こるため、組織が時間をかけて変化に適応する。軟部組織の施術の総合的な効果を観察および評価することが、治療の成功には重要である。

注意 急性、亜急性および慢性症状の違い

- 急性 —— 正常なROMに到達する前の疼痛
- 亜急性 —— 正常なROMの最終可動域で痛みが感じられる。
- 慢性 —— 自動または他動ROMの最終可動域で少し強く圧をかけることで痛みが発生する

筋力検査 四肢の可動域を評価する際、以下の手順で筋力を調べることもできる。

- まず、動きに関連する他の身体部位を固定する。こうすることにより、目的の筋を単独化させる。
- レバーアームのことを考え最終可動域にて少し抵抗を与える（膝関節の屈曲の筋力を検査する場合は、患者のかかとを持って、股関節へと動かす）。
- 軽く抵抗をかけて動きを制御しながら、患者にゆっくり動かすよう指示する。10-30秒の間、筋が痛みなく、他の筋を動員せず、適度な抵抗に耐えられなければならない。
- 触診または視診によって、対象の筋が作用していることを確かめる。

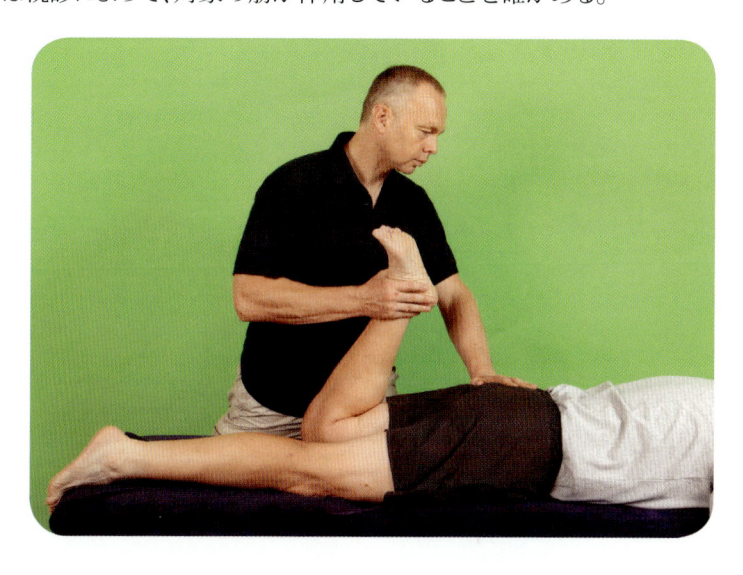

- 両側を必ず比較する(両脚など)。

筋力検査の禁忌には、急性疼痛、急性損傷または外傷、炎症、および、関節障害が挙げられる。

筋の収縮に痛みがなく適切な筋力がある場合は、筋力が正常であることが示唆される。強い収縮の間に痛みがある場合は、筋、腱または周辺組織の損傷が示唆される。弱く痛みのない収縮は、歩行不良、拮抗筋の緊張亢進による不使用、近傍の関節構造への損傷による抑制、神経刺激、張力と長さのアンバランスを及ぼすインピンジメントまたは姿勢状態を含む、多数の障害のいずれかを示唆する。望ましい結果を得るため、所見によってよく検討した上、マッサージを適用する。

分析的段階

分析的評価段階は情報を照合し、患者のニーズを特定し、実施計画を策定する。収集した最初の情報は施術のための基礎となるが、セッション間でもセッション内でも変化しうるということを心に留めておく。従って、いつでも最初の検査に戻る必要が生じる。患者の推奨への遵守、新たに得られた情報、および、マッサージに対する反応を含む多くの要因が治療の方針に影響する。常に心を開き、あらゆる変化、改善または悪化に適応できる状態で、状況の再評価がいつ適切かを認識する。

目標設定はどのマッサージテクニックを使用するかについてではなく、患者が到達したい結果とその達成方法について行う。目標は、個々のスポーツや活動に関連する特定的なものであり、測定可能で、特定の期間内に達成できなければならない。

機能的制限と目標の例を以下に示す。

- **機能的制限**：ランナーはアキレス腱の痛みのため8km以上走ることができない。
  目標：患者は痛みなく8km走ることができる。
- **機能的制限**：重量挙げ選手は、腰痛のため20kg以上持ち上げることができない。
  目標：患者は痛みなく20kg以上持ち上げることができる。
- **機能的制限**：患者は腕を外転するときに起こる痛みのため歯を磨くことができない。
  目標：患者は痛みなく歯を磨くことができる。

適切な治療計画を策定するには、症状の発症に影響を及ぼしたすべての内的・外的要因だけでなく、評価から得た情報および患者の既往歴を検討する必要がある。結論的な目標は立てない。他の可能性や検討に余地を残す。多くの場合、呈する症状からすべてのことが分かるわけではない。軟部組織の層を明らかにしていけば、異なる結論へと導くエビデンスが見つかるかもしれない。反応し適応できることが必要である。

有効な治療目標を策定および実施するための手引きを以下に示す。

- 難しいが現実的な目標を設定する。
- 特定的、行動的で測定可能な目標を設定する。

- 過程と結果の両方の目標を設定する。
- 肯定的な用語を用いる。
- 目標達成のための総合的なタイムテーブルを作成する。
- 過程を監視し評価する。
- 到達度に注目する。
- 個人的な目標を立てる。

　目標は、短期的目標、中間目標、長期的目標に分けられる。スポーツと生活の両方の目標を複合して患者に適用することにより、より現実的で達成可能な結果目標を立てることができる。

　患者がさらに詳しい検査と、エクササイズ、栄養、心理学など他の分野の専門家の支援を必要とする場合は、治療を始める時点であるいはさらに治療を進める時点で紹介を検討することが重要である。施術と他の専門家からの助言の有益性を考える。マッサージは孤立しがちな分野であるため、さらなる助言と勧奨を得ることが賢明である。

　プロセスを快適に行い、操作スキルを向上できるよう、すべての評価段階において練習が必要である。経験と練習を積むことによって、適切に質問し、患者を快適に動かし、いつ何を評価すべきかを知り、結果を正確に解釈して、適切な目標を設定することができる。こうしたスキルを授けてくれるようなテキストはなく、先生もいない。達人となる最善の方法は積極的に練習することである。

　総合的な目標を設定したら、実施計画をまとめることができる。計画をどのように実施するかは、用いることができるテクニック、適切なテクニックおよび時間枠（数カ月、数日、1回のセッション、など）によって異なる。また、患者の期待、患者の健康状態や年齢などの考慮すべき内的・外的要因もある。こうした過程の中で、スポーツマッサージセラピストとしての目的を心に留めておく。まず、アスリートを損傷から守り、筋のパフォーマンスを最大化することである。軟部組織のセラピスト個人としてごく良好な効果をあげることができても、場合によっては、他の専門家やトレーニングスタッフとともに、1つのチームとして協力することが必要で効果的となる。できる限りのすべての治療法を導入して、こうした目標を達成する最大の機会を患者に提供できる、患者中心のアプローチを行うべきである。

注意　図9.3の患者の評価記録書は、患者を完全に評価するために必要な主観的評価、客観的評価、分析的評価すべてを総合するために役立つ。

患者氏名：	生年月日：
住所：	郵便番号：
携帯番号：　　　　　自宅電話番号：	会社電話番号：
Eメール：	
職業：	

医師の連絡先	郵便番号：

来院の理由：

特記：（アレルギー、希望など）

病歴：

トレーニングスケジュール（FITT）：

頻度

強度

時間

種類

初回の問診の要約：

主観的所見

客観的所見

　■ 姿勢

　■ 関節可動域

　■ 機能的制限

　■ 触診

解釈的所見

【図9.3】患者の評価記録書
©『スポーツマッサージ』(S・フィンドレイ著／ガイアブックス)

目標
機能的短期目標：

機能的長期目標：

マッサージ治療計画：

治療：

再評価所見：

疼痛または不快感の評価：
マッサージ前　　　　1　2　3　4　5　6　7　8　9　10

マッサージ中　　　　1　2　3　4　5　6　7　8　9　10

マッサージ後　　　　1　2　3　4　5　6　7　8　9　10

自宅でのアドバイス：

患者のコメント：

免責事項：私は、治療に関するあらゆる情報を漏らさず伝え、私の受ける治療のすべての責任を理解し受け入れることを、私が知る限り確約します。また、この申告書に詳述される正しい情報は私が提供したものであり、これらの環境が変化した場合はセラピストに知らせるべきであることにも同意します。

患者署名：＿＿＿＿＿＿＿＿＿＿＿＿＿＿＿＿＿＿＿＿＿＿＿＿＿＿＿＿

セラピスト署名：＿＿＿＿＿＿＿＿＿＿＿＿＿＿＿＿＿＿＿＿＿＿　日付：＿＿＿＿＿＿＿

©『スポーツマッサージ』(S・フィンドレイ著／ガイアブックス)

終わりに

　評価プロセスの主な目的は、介入の必要な部位を特定し、計画を立て、有意義な方法で目標の優先順位を決めることである。目標はシンプルで、達成可能であり、患者の希望に基づくものでなければならない。セラピストが最適だと思っても、患者の同意のない計画を無理に推し進めてはいけない。そのような方法は失敗に終わるものである。リハビリテーションまたは矯正としての施術の過程において、いくつかの検査に立ち返り、患者の改善状況を評価することが必要となる。いずれのセッションの開始時もつねに初回のセッションと同じように患者に接する。何らかの変化または副作用に注意する。経験を積んだ専門家が言うように、物事は必ずしも計画通りには進まない。従って、患者のニーズの変化に対応できる目的を持って、定期的に評価プロセスに立ち返ることが重要である。

問 題 (解答p.159)

1. 主観的評価と客観的評価の違いは何か？
2. 損傷を及ぼす内的要因と外的要因の違いは何か？
3. 重錘は身体のどこを通るべきか？
4. 自動運動検査の間は、患者とセラピストのどちらが動きを及ぼすか？
5. 効果的な目標を設定するための8つの手引きは何か？

10

イベント時のマッサージ

　イベント時のマッサージはやりがいがあるだけに難しく、また、会場は熱気に包まれている。否定的側面としては、報酬が少ないあるいはほとんどなく、長時間休みなく行わなくてはならないという、仕事条件の悪さが挙げられる。良い面としては、様々な状況に即座に対処できる能力を試せること、実生活の状況でスキルをみがけること、仕事の知識を得られる最大の機会を得られることである。

> ### 臨床上の留意点
> 　イベントの仕事は、非常に気持ちが高揚する。私は、ロンドンマラソンで仕事をし、バードゲージウォークからゴールまで走りくる人たちの顔を見たときのことを思い出す。純粋な決心と感動にあふれたランナーたちの表情は一生忘れないだろう。私はその後5時間ひたすらマッサージをして過ごした。何度もレースに参加したことのあるベテランランナーもいれば、初めて参加するランナーもいたが、このときがどれほど特別であるかを誰もが語ってくれた。そのときを共有できたことは嬉しかった。

　イベント前、イベント中、イベント後の大半は、目標も結果も異なる。テクニックの選択肢もセッションの長さも様々である。各種のイベントマッサージに目的と意義があり、適切なテクニックを適切なときに検討し、適用する必要がある。

イベント前のマッサージ

　イベント前のマッサージは、イベント前数日から数分の間、いずれかの場所で実施される。主な目的はアスリートが特定のタスクを実行できるための準備を助けることであるため、通常は特定の筋に重点が置かれる。スポーツでの要求を理解することが、対象の筋とアスリートのニーズを適えるアプローチを

決定する上で役立つ。

イベント前のマッサージは適切か

イベント前のマッサージが適切か否かを判断するため、以下を検討する。

- 潤滑剤の適用はそのイベントで可能か。
- どのような種類のイベントか。イベントに重要な筋を対象化できるよう、スポーツでの要求を理解しているか。
- アスリートは即時に応答することが求められているか、あるいは、タスクを実行するために、落ち着くことが求められるか。ストロークによって、異なる軟部組織の反応がもたらされる（落ち着く必要がある場合は遅いストロークを用いる、など）。

アスリートがこれまでマッサージを受けたことがない場合、マッサージがパフォーマンスに不利な影響を及ぼすか否かが判断できないため、始めるタイミングとしては適切ではない。将来の大会までに定期的なメンテナンスマッサージを受けるよう促す。

イベント前のマッサージの機能は何か

イベント前のマッサージは以下の機能を持つ。

- パフォーマンスの最適化
- ウォーミングアップと筋への血流増大
- 緊張力の減少
- 関節可動域の適切化
- 筋を準備状態にする
- 精神的な準備を可能にする

イベント前のマッサージはいつ実施できるか

イベント前のマッサージはイベントの直前またはイベント数日前から実施できる。イベントに近いほど、アスリートのウォーミングアップの強化に用いることができるが、ウォーミングアップの代わりにはならない。イベント前の数日はマッサージの意図の明確さは低い。基本的に、適切な部位に軽くもみほぐすまたはストレッチすることが目的である。軽い治療は行ってもよいが、パフォーマンスに影響を及ぼすほどには行わない。一般に、イベント前のマッサージはイベントの数時間前に実施される。マッサージの時間は15-20分である。

どのテクニックが適しているか

スポーツの種類やマッサージの目的によって、以下のテクニックを潤滑剤の使用・不使用に関わらず、タオルの上からまたは皮膚に直接、実施できる。これらのテクニックを適用する速度や深さによって、パフォーマンスを強化することにも、あるいは、不利な影響を及ぼすことにもなる。アスリートが何を必要

としているのかを考慮する。例えば、アスリートは落ち着くことが必要だろうか。その場合はゆっくりとした、より整然とした動きを用いる。あるいは、興奮することが必要だろうか。その場合は施術の速度を上げるが、ただし、組織にどの程度の負荷がかかるかを常に注意し、治療の実施ではなく組織のウォーミングアップを意図していることを忘れない。オイルやローションを用いる場合は、セッションの終了時に必ずふき取る。

- エフルラージュ
- ペトリサージュ
- 圧迫法
- バイブレーション
- タポートメント
- 軽いフリクション
- 他動モビライゼーション

イベント前マッサージは創意工夫しながら実施する必要がある。患者を目の前の高級なベッドに寝かせるのではなく、立位や座位にして施術するのである。患者は服を脱ぐ時間も場所もないため、ドライマッサージのテクニックを使って、装備の上から施術しなければならない。

イベント前の問診事項

イベントの場合でも、マッサージを開始する前に問診を行うことは重要である。これらの質問に関する回答は、用いるマッサージテクニック、適用部位を判断するために役立つ。

- イベントまで後どのくらいか。
- 準備期間のどの段階にあるか。
- 現在、何らかの症状で治療を受けているか。
- 現在、パフォーマンスに影響を及ぼす症状はあるか。
- 現在まで影響を受けている過去の損傷はあるか。
- 施術を受けたい部位はどこか。
- 何か特別に実施してもらいたいことはあるか。
- 重点を置いてほしいまたはストレッチしてほしい緊張部位はあるか。

他の懸念事項としては、アスリートの精神状態に影響を及ぼしかねない言葉に注意することが挙げられる。言動には注意する。こちらの言葉が、アスリートを励ましリラックスさせることも、意図に反して悪い影響を及ぼすこともある。例えば、損傷の可能性があると思われる場合は、アスリートに告げる前に、適切な医師やヘルスケア専門家またはチームコーチに相談する。

イベント中のマッサージ

イベント中のマッサージは、イベント前とイベント後の施術の両方の要素が含まれる。次のイベントのための準備と評価の両方を行う。

イベント中のマッサージは適切か

イベント中のマッサージの目的は、次のイベントに備えるだけでなく、何らかの損傷を評価することである。完全な回復マッサージではないが、毒素を排出し、次のタスクのために組織を準備するために作用しなければならない。筋のエネルギーは維持し、過剰な施術や筋力低下を避けるため、適用する速度と深さを考慮する。

イベント中のマッサージの機能は何か

イベント中のマッサージには以下の機能がある。

- 回復を促す
- アスリートを次のイベントに備えさせる
- 局所的なマッサージを行う

イベント中のマッサージはいつ実施できるか

イベント中のマッサージは、ハーフタイムのときや対戦の間など、同日中のイベントの間に行う。時間は5-10分である。

どのテクニックが適しているか

イベント中のマッサージを実施する時間は限られているため、効果的で、効率的で目的化されたマッサージを実施できるよう、そのスポーツを熟知しておく必要がある。アスリートは、集中的に施術してほしい部位を指定することが多い。組織の緊張や制限のある狭い部位に対処することもさることながら、完全なマッサージ手順ではなく、ちょっとした基本のテクニックを適用することが必要である。施術の速度は通常のマッサージよりは速く、だが速すぎても遅すぎてもいけない。患者を鎮静させるのではなく、回復と次のパフォーマンスへの準備を促すことを目的とする。

イベント中のマッサージには以下のテクニックが適している。

- エフルラージュ
- ペトリサージュ
- 圧迫法
- バイブレーション
- タポートメント
- 軽いフリクション
- モビライゼーション

イベント中の問診事項

イベントの場合でも、マッサージを開始する前に問診を行うことは重要である。これらの質問に関する回答は、用いるマッサージテクニック、適用部位を判断するために役立つ。

- イベントまで後どのくらいか。
- 現在、何らかの症状で治療を受けているか。

- イベント中に何か問題はあったか。
- 施術を受けたい部位はどこか。
- 重点を置いてほしい緊張部位はあるか。

イベント後のマッサージ

イベント後のマッサージは、イベントマッサージの中でもっとも一般的な形態であり、ボランティアとして行う場合が非常に多い。ボランティアへの参加は、イベント施術の技術を導入し各スポーツに求められる要件を学ぶ優れた方法である。多くの場合、マラソンなどのイベントの後にマッサージ要員が新たに募集され、通常のマッサージの効果について知ってもらう格好の機会である。

イベント後のマッサージは適切か

イベント後のマッサージの主な目的は、毒素を排出して組織をイベント前の状態に戻し、最初に処置するまたはさらに治療が必要な損傷や症状を観察し特定することである。医療チームがイベント後の評価を行っていない場合は、マッサージを始める前に相談する必要がある。一般的に見られる問題の徴候や症状を認識し、これらに対処する準備をする。

イベント後のマッサージの機能は何か

イベント後のマッサージには以下の機能がある。

- 損傷または組織損傷を評価する
- 組織を正常化する
- 筋緊張を回復する
- 筋の静止長を回復する
- アスリートを次のイベントに備えさせる
- 局所的なマッサージを行う
- 鬱血部位をもみほぐす
- 筋肉痛を予防する
- 柔軟性を回復する
- 筋痙攣、筋攣縮を緩和する
- 代謝の回復を促す

イベント後のマッサージはいつ実施できるか

イベント後のマッサージは、イベント後2-6時間に行うことが理想的である。これは施術がもっとも効果を及ぼす時間だが、数日後にマッサージを行っても十分効果はある。マッサージの時間は15-20分である。イベントから時間が経過するほど、マッサージの時間は長くなる。

どのテクニックが適しているか

イベント後のマッサージセッション中、以下のテクニックが使用できる。

- エフルラージュ
- ペトリサージュ
- バイブレーション
- 優しい圧迫法

- 全身マッサージ
- 浅いストローク
- リンパドレナージュ

イベント後の問診事項

　イベントの場合でも、マッサージを開始する前に問診を行うことは重要である。これらの質問に関する回答は、用いるマッサージテクニック、適用部位を判断するために役立つ。

- イベント後のクーリングダウンは行ったか。
- イベント中に何か問題はあったか。
- 痛みや苦痛のある部位は特定できるか。
- 熱い、温かいまたは冷たい感覚はあるか。
- イベント後に積極的補水あるいはスナックは摂取したか。
- めまい、頭痛、錯乱、不安定または悪心はあるか。

　これらの質問事項に加え、イベント後一般にみられる以下の症状についても、治療に影響するため把握する必要がある。

- 水疱打撲
- 痙攣
- 脱水症または過水症
- 熱中症
- 筋挫傷
- 体温上昇
- 開放性外傷
- 捻挫

　低体温応急処置を施す資格を有している場合や損傷が軽微である場合は、適宜処置することができる。疑わしい場合は資格を有する専門家に紹介する。医療チームが備わる場合は基本的にはそこが窓口となり、患者を診察して応急処置を施す。だが、あなた一人しかいない場合は適切な訓練を受けており医療が必要な症状を評価することが期待される。重篤な症状を有する選手は必ず医療施設へ搬送する。

一流スポーツチームでの施術

　一流のスポーツチームで施術をチームの勝利に貢献することは非常に名誉な仕事だが、「マッサージセラピストのためのオリンピック」はないということを肝に銘じておく。我々の仕事はアスリートを支え、勝利という究極の目標に向けたアスリートの戦いを最後まで応援することである。
　スポーツの医療チーム内で仕事をすることは、臨床現場で独立して仕事を行うのとは全く異なる。解剖学のスキルを持つことはその一部だが、サポートスタッフの説明責任および職責は軽々しく扱われるべきではない。医療チーム内の各個人が明確な役割を持ち、それぞれの役割に明確な指標があり、最終責任を明確にするため明確化された階層に組み入れられている。医療チームの各メンバーは、他のすべてのメンバーの役割と、大会開始後にそれらの役割がどのように重なり合い、遵守されるのかを理解できることが必要である。そうすることで、アスリートの必要とすることを確実に提供するだけでなく、仕事の負荷

をチーム全体に分散する。スポーツの環境におけるストレスはすさまじいものがある。（スポーツの中で役割があるのと同様、）スポーツマッサージセラピストまたは軟部組織を施術するセラピストとしての究極の役割は、チーム内の理学療法士およびその他専門家の仕事を支えることだが、主には「看板に偽りなし」である。一流のスポーツチーム内で行うべきことは、アスリートの軟部組織、主に筋の世話をすることである。

マッサージは、準備と回復のすべての面で役に立つ、非常に便利で強力な方法である。ついでに言えば、タッチには生まれつきの物理的特性がある。安全な手であること、そして、身体障害の有無に関わらずすべてのアスリートに求められるあらゆる努力を全力でサポートすることをアスリートに理解してもらう。身体障害を持つアスリートを施術するときにまずそしてもっとも忘れてはならないカギの1つが、彼らがアスリートであるということである。身体障害を持つアスリートが自らを成功に導くためには多くのサポートを必要とすることも事実だが、やるべき仕事は実際には同じである（特殊な対象集団の施術については第11章を参照のこと）。

アスリートが大会の準備に長い期間を費やす間、あなた自身も自分の準備をしなければならないのは当然である。チームの治療を行う場所を特定することから、現地に行き来する移動手段を確保するまで、大会の数日間に必要な後方業務を計画するとよい。そうすることで、マッサージベッドを移動するときや現地で搬入・搬出しなければならないときの物理的作業負荷を処理しやすくなる。

次はアスリートについてである。大会中の各アスリートの特有の目的は何か、レースの準備を手助けするのはいつか、回復に必要なことは何か、損傷の管理ストラテジーの一環として必要な特殊な介入はあるか、を理解することが必要である。各アスリートの要件を理解することで、数日間の計画を立てることができ、アスリートに必要なことを全員が確実に把握し、その日の要求に確実に備えることができる。大きなチームの遠征に同行する場合、これは難しい選択となりうる。個々のニーズの個人相談に時間がかかり、多くの場合はその日の最初または最後に実施しなければならない。2008年に北京で開催されたパラリンピックでは、大会の行われた9日間、医療チームの一日は朝5時15分から始まり、夜10時30分まで続いた。疲労は相当なものだった。

絶対に必要なことは、大会に向けて自身の精神的な準備をしておくことである。当日は非常に長く、大会のレベルに関わらず、非常に集中力を要する。オリンピックであれ国内の大会であれ、すべての大会は非常に大変な仕事である。連日数時間マッサージを続けられるだけの体力と健康を有することが極めて重要である。チームが倒れてしまいアスリートの世話ができなくなっては元も子もない。

毎日継続的にマッサージを行うという明白な物理的要求に加え、環境の精神的影響も非常に重大である。テンションは上がり、気分はころころ変わる。大会にどっぷりはまったアスリートたちにのまれてしまう。1日の終わりに自分自身を振り返ることが有用である。他のサポートスタッフとともにその日のイベントについて話し合うことは必要であり、また得難い経験である。

あらゆる面で、スポーツチームの中で施術することは独特の素晴らしい経験だが、あなたの望む、生涯でもっとも思い出に残る名誉な経験の1つとするために欠かせないことは、必然的な要求を準備することである。

上記のセクションは、英ノーサンプトンシャー、Working Bodies & Injury Centreのエリザベス・ソームス氏の寄稿による。エリザベスはBadminton England、Disability Swimming、English Institute of Sport、England Ladies Cricket、Hertfordshire Country Cricketに軟部組織マッサージ療法を行っており、Working Bodies Ltdのアソシエーション・ディレクターを務めている。

イベントの企画

　イベントの企画は規模に関わらず、必要なことがとても多い。優れた組織力、コミュニケーション能力、ときとして外交能力が必要となる。大きな金銭的見返りがあることは少ないが、セラピストとして成長し、同業者とのつながりを得る格好の機会となる。イベントの企画は、仕事場の近くで行う場合は特に、宣伝できるよい機会となる。

　イベントの規模は大きなイベントから地元のクラブチームでの小さなイベントまで様々である。キャリアをスタートさせるときや勉強中に、監督者の元でボランティアとしてイベントをいくつか参加し、自分で始める前に必要な経験を積む。

最初の段階

　地元のクラブチームやチャリティに赴き、サービスを提供する。イベントの企画者がいる場合はその人に連絡を取り、サービスの必要性があるかどうか、すでに雇っているかどうかを確認する。責任の範囲を明確に定義する。他のチームメンバーと協力するのか。その場合は誰か（理学療法士、医師、など）。一人で仕事ができるのか、それとも、数名のセラピストが必要かどうかを判断するため、参加者の人数を把握数する必要がある。数名のセラピストが必要な場合は、監督責任が必要になる。また、提供するサービスの種類について、何か取り決めがあるかどうか（チャリティのイベントでは料金を取ることが認められない、施術する場所に制約がある、など）についても確認する。書面による同意書をもらい、保険証の写しや施術するセラピストの資格など必要な文書を提出することが重要である。以下を確認する。

- イベントの規模と参加人数、提供されるマッサージセッション数を判断する。
- 医療チームへの紹介に関する取り決めをする。
- 誰が備品、交通手段、駐車を準備および支払するかを確認する。
- マッサージのボランティアにTシャツなどの粗品を提供するかどうかを決定する。
- 飲食物を提供するかどうかを決定する。
- 駐車場、備品保管場所その他を手配する。
- セキュリティの手段を判断する（セラピストはイベント入場バッジが必要か）。

　事前にセラピストを余分に確保する。土壇場でキャンセルする人は多い。少なめより多めに確保しておく（休憩をとることができる）。セラピストがあまりに少ないと、チームの負担が大きくなり、イベントの経験を楽しむことができない。また、参加者に最後に見切られ、企画者との間に不満が残ると、将来イベントを依頼してもらえなくなる。

　企画者とその日参加したボランティアに必ず御礼を言う。

会場の設置

　イベント企画者は、自前でテントを用意してもらいたがっているかもしれないし、施術に適した場所はないかもしれないため、事前に状況を把握し備える。自身と参加者双方の快適性のため、夏でも囲いのある場所で施術することが望ましい。誰にも気づかれないような隅っこに構えない。人々がすぐ分かるよう、活動の中心となる場所に設置する。どのように設置するか、設置にかかる時間、備品を保管する場所があるかどうかを事前に調べる。理想的には1日前に設置する。以下のことを確認する。

- 人の流れに適応できるようベッドを配置する。
- 人が、申し込み、同意書に署名し、セッションを待つことのできる場所に設置する。
- 医療チームがイベント後の評価でマッサージが適しているか否かを判断する場合は、その時間を取る。
- 休憩のローテーションを組む。できれば監督または管理権限を共有する。
- 看板や旗を出す。
- 名刺を持っている場合は、必ず手渡す。

備品と設備のチェックリスト

　イベントの準備を確実に行うこと。綿密に計画を立てても、設備や備品を忘れてしまっては、イベントの成功は逃げてしまう。以下の備品と設備のチェックリストを携帯する。

注意　天候の暑さや寒さに適応できるよう、何枚か衣服を重ねるなど、適切な服装で臨む。屋根のない屋外で施術する場合があるため、必ず日焼け止めを塗る。

- マッサージベッド
  （備えられていない場合）
- 枕またはクッション
- タオル（大および小）
- 長枕
- 消毒ワイプ
- マッサージ用ローション
- 長枕などに用いられるポリ袋
- 救急箱
  （針、はさみ、絆創膏、ガーゼ、冷湿布、糖製品）
- 治療時間を確認するための時計
  （看護師の腕時計が非常に便利である）。
- 名刺やチラシ
- 記念のため、または、将来的に宣伝に使用するため、写真を撮るカメラ
- 自身の飲食物
- 充電済みの携帯電話、ただしマナーモードにしておく
- 患者のリストを作成するための文房具
  （予約のためのチケット）
- ペン
- 治療料金を取る場合は、現金。

終わりに

　学生も卒業生も、イベントでの施術経験がスキルの向上とスポーツでの要求の理解に役立つことに気付く。また、そのような施術はハードではあるが刺激的であることにも気付く。イベントの種類は、遠征におけるチームメンバーとしての仕事から、マラソンなどのチャリティイベントでの1日のボランティアまで幅広い。これらは刺激的な瞬間でありまた、すべてのスポーツマッサージセラピストのトレーニングの一環とすべきである。

問 題 (解答p.159)

1. イベント前とイベント後のマッサージの主要な違いは何か？
2. イベント後のマッサージに適切な軟部組織テクニックは何か？
3. イベント中のマッサージを実施する主な3つの理由は何か？
4. 次のうち、イベント後の症状として一般的ではないものはどれか？
　　　水疱　下痢　打撲　熱中症　痙攣　低体温　脱水症または過水症　捻挫
5. マッサージを受けるのが初めてである場合、イベントの前に初めてマッサージをするべきか？

特殊な条件をもつアスリート

　本書の目的からみて、本章には、身体的問題および軟部組織の問題をより深く理解することを要する特殊な条件を持つ患者が含まれる（パラリンピックのアスリートなど）。一流レベルでは、障害を持つアスリートは身体的障害または知能障害のいずれかを有すると分類される。フェアな大会を可能にするため、身体障害を持つ人は次のように分類される。

- 脊髄損傷（先天性または後天性）
- 四肢欠損または切断およびその他の障害（Les Autres）―筋ジストロフィ、発育障害、症候性状態および硬直症などの身体障害または他のカテゴリーに分類されない主な関節の関節炎
- 脳性麻痺
- 視覚障害（盲目または弱視）

　これらの症状を有するアスリートは、ベッドへの身体の上げ下ろしに介助を要する場合がある。また、適するテクニックや避けるべきテクニックも考慮しなければならない。患者が症状に対してどのように物理的に対処しているかを理解するとともに、精神的な影響も理解する必要がある。感覚が失われている場合もあれば、回復の遅い組織の健康不良に悩まされている場合もある。これらの症状、ニーズおよび適切な調整方法について深く理解するほど、マッサージはより効果的なものとなる。

脊髄損傷

　脊髄損傷は、ポリオや二分脊椎などの疾患の結果としても起こりうるが、転落や自動車事故などの外傷の結果として起こる方が一般的である。脊髄損傷の管理は、麻痺と機能の程度によって決まる。これは、脊髄の損傷個所によって異なる。四肢麻痺と三肢麻痺は頸椎の損傷によって起こり、対麻痺は胸椎、腰椎および仙椎が関連する。病変の位置が高いほど、身体機能の損失は大きくなる。

移動

　脊髄損傷の患者に対してまず行うことは、ベッドへの移動に介助が必要か否かを尋ねることである。多くの人は自分で移動し、必要に応じてセラピストに介助を頼む。また、車椅子のアスリートは歩けないと思いこまないこと。

　脊髄損傷の患者をベッドにのせるためにベッドを調節することが容易でない場合は、代わりに車椅子に座らせたままマッサージを行う。始める前に、必ずブレーキをかけておく。患者がベッドに前向きに持たれることができるよう車椅子を配置し、必要に応じて枕で支える。こうすることで、体幹の大半を横からでも後ろからでも施術できる。

肢位の管理

　運動コントロールできない患者の四肢を管理し支えることを、セラピスト側がしっかりと認識する必要がある。例えば、患者を腹臥位から側臥位に戻るとき、セラピストが両下肢を支えてコントロールする必要がある。もし両下肢がセラピストにもたれかかってしまう場合、運動の衝撃と力で組織と構造にダメージを与える可能性がある。運動コントロールの不能により、患者が特定の肢位に移るとき筋痙攣を起こす可能性もあるため、予想外の動きまたはぐらつきに備える。感覚消失がみられる場合も、四肢を支持するための手順を守る(膝の下にクッションを置く)。

感覚

　脊髄損傷の人は、機能の損傷に加え、感覚認知が変化する場合があり、痛みや軽いタッチを感知できない場合がある。従って、患者の忍容性に慣れるまで、軽く遅いストロークから始めて、深さと速度を調節する必要がある。また、反射的に収縮できない組織は患者が自分で保護できないため、損傷の危険にさらされやすいということを認識しておく。このため、患者の状況に基づき、モニタンリングおよび評価テクニックを調節することが重要である。

体温調節

　脊髄損傷の人は、体温調節を変化させる自律神経障害があり、損傷のレベルを下回って体温調節能力に障害がある。寒さに反応できず、温度を維持するため身震いすることができない。従って、快適な温かさを維持するために余分なタオルが必要となる。またその一方で、冷却メカニズムも損なわれるため、熱中症の危険にもさらされている。熱中症、体温上昇、熱性疲労の徴候および症状を確認して(第2章の病理学の項を参照)、適宜患者を紹介する。

　脊髄損傷の人は、正常な刺激により誘発される神経インパルスの結果起こる不随意(自律)神経系の

過剰反応である、反射亢進または自律神経反射異常と呼ばれる症状も疑われる。例えば、膀胱が溜まっておりシグナルが脳に到達しないときなどが挙げられる。この過剰反応は、腸閉塞や身体の圧迫によっても引き起こされる（アスリートが肢位を固定する紐に抵抗する場合、など）。この異常反応は、心拍数の変化、血圧上昇、皮膚の変色、多汗を引き起こす。反射亢進は医療緊急事態とみなされ、応急処置を要する。

骨質減少症

不動状態の結果、アスリートは骨ミネラル濃度の減少する骨減少症と呼ばれる症状にかかる場合がある。この骨の薄化により、骨折のリスクは増大する（骨粗鬆症）。そのような場合、テクニックと適用方法を修正する必要がある。罹患部位に対して、強い手のタポートメントやバイブレーション、過度の圧迫は避ける。疼痛や不快感の感覚が損なわれている可能性があるため、骨折の徴候を観察することが重要である。これは、骨が他の骨のアライメントから逸れている場合や、異常な動きをする場合、挫傷や出血が認められる場合などが証拠となる。最後の場合は、医療チームに紹介する。

マッサージをする際の留意事項

車椅子を使っている人や、場所の移動に肩と腕を使わなければならない人は肩のオーバーユース損傷になりやすい。反復性の筋挫傷、不良な座位による脊柱側湾症、押す動作を原因とする筋のアンバランスを有することが一般的である。これらがすべて、肩甲骨の安定性の変化と異常な運動パターンをもたらす。マッサージセッションの目的は、こうした問題に対処することと、チーム（医師、理学療法士、コーチ、トレーナーなど）の一員として施術し、修正的調整を行うことである。一部の組織（直立姿勢を維持するための脊柱起立筋など）の強靭性は望ましく機能していることを忘れない。

我々が焦点を当てる部位は使用されている部位であることが多いが、マッサージの効果は全身に及ぶ。フラッシングテクニックは、自然なポンプ機能を維持できない部位では特に、組織の質を高めることができる。定期的なマッサージによって、筋痙攣の頻度も減る。

接触する部位は、長時間の座位や組織の質の低さによって、皮膚擦過傷や床擦れの疑いもある。予防することと、その部位の循環と運動を高めることがカギである。これらの部位を定期的に観察することが予防には重要である。

最後に、脊髄損傷の人は幾何学的形状の変化と四肢の使用の低下によって、関節拘縮が進行しやすい。軟部組織を引き伸ばしストレッチすることで、関節とその周辺構造の完全性を維持することができる。

四肢欠損

　四肢欠損は先天性の場合も後天性の場合もある。四肢欠損のアスリートの中には、戦う際に装具を装着する選手も装着しない選手もおり、また、車椅子にのる選手ものらない選手もいる。いずれの場合も、機能的運動パターンに影響を及ぼし、姿勢のアンバランスを引き起こす。例えば、義足が健康な足よりも短い（遊脚を可能とするため）ために、歩行の変化によって筋のアンバランスが起こり、骨盤や腰に痛みを及ぼす場合がある。装具は皮膚の擦切れや摩擦、磨剥、骨挫傷も引き起こす。

　マッサージの懸念事項としては、硬くなった筋を引き伸ばすかまたはストレッチした後、弱った方の筋を強化することで、筋のアンバランスに対処する。局所的な禁忌には、潰瘍、腫脹、外傷性または感染性断端が含まれる。装具は通常、マッサージの前に取り外される。場合により断端がソフトカバーで覆われている。一般的に、炎症や擦り傷がない限り、断端は他の部位と同じようにマッサージする。必ず、断端をマッサージしてよいか尋ねる。断端を施術されることに敏感なアスリートもいる。その他、医師以外の人間に触れられることに慣れていない場合もある。

脳性麻痺

　脳性麻痺は、麻痺した肢部の本数や及ぼされる症状によって分類される、様々な運動障害を特徴とする。主な特徴は、かなり多くの不随意運動、協調運動不全、筋緊張亢進・低下である。その他には、てんかん、聴覚障害、学習障害、視覚障害および言語障害が挙げられ、これらのうち複数起こる場合もある。脳性麻痺は次のように分類される。

- 単麻痺 —— 一肢、通常は一側上肢が麻痺する。
- 対麻痺 —— 両下肢と腰部が麻痺する。
- 半身麻痺 —— 身体片側の上下肢が麻痺する。
- 三肢麻痺 —— 三肢、通常は両下肢と一側上肢が麻痺する。
- 四肢麻痺 —— 四肢すべてと体幹が麻痺する。頸部と顔面の筋も麻痺する。
- 両麻痺 —— 上肢より下肢が麻痺する例が多い。

　広く言えば、脳性麻痺を有する人は筋張力に問題があり、特定の筋を収縮したりリラックスしたりすることができない。骨が成長しても筋と腱が短いままだと痛みが起こる。症状の影響を最小限にする選択肢は、手術、過活動組織を弛緩させるための投薬、筋と腱を引き伸ばすための腕と脚への装具など、いくつかある。筋収縮の典型的なパターンにより、屈曲、内転および内旋が及ぼされる。スポーツマッサージの総合的な目的は、姿勢と可動性を改善し、筋硬縮を軽減することである。

　脳性麻痺の痙性状態に悩むアスリートのために、ある程度の物理的なサポートによって安全性を確保するが、彼らの運動は制限しない。むしろ、適度なレベルの誘導とクッション性を維持する。

視覚障害

Parasport（www.uka.org.uk）によって定義される視覚障害は3つのレベルに分類される。
B1（盲目）－どの方向、どの距離からも手の形を認識することができない。
B2（重度弱視）－視力が2/60以下および（または）視野5度以内で、手の影が認識できる。
B3（軽度弱視）－視力が2/60以上6/60以下および（または）視野5度以上20度以下。

マッサージ室は、患者がつまずくような不要なものを床に置かず配線は取り除く。視覚障害を持つ患者が環境に慣れておらず介助を要する場合、優しく腕を取って支え、セラピストの肘をつかんでもらって、口頭でも支持しながら、ベッドや椅子へ誘導する。ベッドやその他の家具の角の近くでは注意しながら誘導する。（これが、角の丸いパッド付きのベッドを購入する理由の1つである。）

マッサージしながらも会話を続けることは重要なスキルである。意図を患者に説明して、信頼感と安心感をもたらす。身体の一部の施術が完了したとき、手や口頭の合図でそのことを伝えないで次の動きをすると、患者は予想外の行動に戸惑うかもしれない。意図をはっきりと伝え、できるだけ患者に触れておく。

患者との意思疎通

上記のすべての状況において、優れたコミュニケーション能力が不可欠である。積極的な聞き手となり、患者が提供するあらゆる情報を反復するよう極力心がける。脳性麻痺の症例などで患者が言語障害を有する場合は、忍耐強く、患者が話をできる時間を取る。症状だけでなく完全な病歴を総合的に理解することは、治療の成功を収める上で重要である。

アスリートが難聴の場合は、話しかけるとき患者に顔を向ける。大きな声で話したり誇張して話したりする必要はない。注意して話せば、患者は理解できる。明確な指示を出すことは、ベッドの上での移動時に患者の安全性を保障するだけでなく、患者の参加が必要なときに治療の有効性を高める上でも意義がある。

終わりに

特殊なニーズを有する患者の施術には、その機能的制約に適応するための感受性と洞察力が必要である（できないことではなく、できることに注目する）。テクニックを修正し、優れたコミュニケーション能力を有し、通常とは異なる要件と向き合ったときに想像力が使えることが必要である。こうしたスキルを向上させ、各個人の特定のニーズを把握できるようになるには、経験が最高の教師である。時間と、忍耐と、ユーモアのセンスが必要である。

問 題 （解答p.159）

1. 脊髄損傷の患者が特定の肢位に移動するとき、協調運動不全によってどのようなことが起こるか？

2. 車椅子にのっている患者をベッドへと移動するとき、患者の安全性を確保するために必ず行うべきことは何か？
3. 義足を装着することによる歩行の変化によりどのような影響があるか？
4. 対麻痺ではどの身体部位が麻痺するか？
5. 視覚障害を有する人のため、部屋をどのように準備するべきか？

問題の解答

第1章 (p.6)

1. スポーツマッサージはスポーツをしている人に限定されないが、軟部組織の施術に興味があり、スポーツマッサージの効果が期待できる人であれば受けられる。
2. スポーツマッサージは、軟部組織の緊張をほぐし、硬直を緩和し、筋痙攣を軽減し、制限を取り除き、瘢痕組織を軟化および再統合し、癒着をほぐすことで、最適な機能の回復を助ける。
3. 患者が軟部組織のマッサージを望めば随時。
4. アスリートの運動遂行能力をピークに高め、損傷を予防するためだけでなく、損傷の治癒力を高めるのを助ける。
5. スポーツマッサージセラピストは適切な範囲の評価プロセスを実施できるだけでなく、一般的なスポーツ損傷も認識できなければならない。現実的で実行可能な目標を持って包括的な治療計画を計画、実施できることが必要である。

第2章 (p.18)

1. 「全身的」とは症状が全身に影響を及ぼすためマッサージが禁忌であることを意味するのに対し、「局所的」とは懸念される部位から離れた部位であればマッサージを行ってもよいことを意味する。
2. 「重度の」、「急性」、「接触伝染性」、「コントロール不良の」、「診療未確定の」。その他の症状はこれらの言葉には含まれないが禁忌が懸念される。治療を継続すべきか否かを判断するときにこれに注意する。不確定な場合は続けない。
3. 必要な修正には、テクニックの選択、局所的にまたは全身に、あるいは、浅くまたは深く施術するか否か、動きの方向と速度、マッサージの間隔、組織の治癒の段階、患者の肢位が含まれる。
4. 一般的：インフルエンザおよび感冒、重度の疼痛／部分的：急性瘢痕組織、開放性外傷、毛嚢炎／修正：鞭打ち症、糖尿病、癌、肩の古い脱臼、骨粗鬆症。
5. 捻挫には靭帯と関節が関係するのに対し、筋挫傷には筋や腱などの軟部組織が関係する。

第3章 (p.32)

1. 他の専門家と一緒に仕事ができる、他のチームメンバーのサポートが受けられる、受付担当者が予約を管理してくれる、マッサージベッドとタオルが提供される。
2. 直接接触、間接接触、空気感染。
3. 快適性、安定性、関節と肢部の支え。
4. 足首、腰、体幹、肩。
5. 膝関節が正常な可動域から逸脱するのを防ぎつつ、腰を楽な姿勢にしたまま自然な姿勢で身体を安静にすることができる。

第4章 (p.41)

1. ■ 肩と腰をストロークの方向に真っ直ぐにする。
    ■ 足幅を広くとる。
    ■ 腕を身体から離す。
    ■ 長いてこを維持する。
    ■ 腕で輪を作る。
    ■ 肘を固めない。
    ■ 脚から動きを及ぼす。
2. 適用しているテクニックを再評価し、適合性を保つよう注意し、ストレッチして、通常のマッサージを行う。
3. ゆっくりと行う。
4. 筋の緊張、拳を握る、どことなくそわそわする、施術している筋を押しだすような動作、耳の発赤、全身の発汗、口頭での反応。
5. 脚

第5章 (p.65)

1. 組織を温めて深い施術に備え、張りのある部位や特に注意を要する部位を評価するため。
2. エフルラージュ、圧迫、バイブレーション、軽いタポートメント
3. 脆い皮膚、近隣者の感染症、最近の瘢痕組織および感覚低下（糖尿病など）。
4. ゆっくり

第6章 (p.85)

1. マッサージベッドに座ることで、自然に反応する肩の前部を評価できる。また、患者が別の肢位に移る前に、部位を局所的な施術に備えることもできる。
2. 4回
3. セラピストの衣服が患者に不快感を及ぼすことのないようにすること、および、双方の素肌が接触しないよう、あるいは、セラピストの衣服にローションがつかないよう、セラピストと患者の間にタオルを置くこと。
4. 足の表面は小さく、組織がうすいため、母指と指で施術しても負荷がかからない。小さい施術部位であるため、足も精密な施術テクニックを要する。
5. 頸部

第7章 (p.101)

1. マッサージ施術の基本的な肢位をマスターしてから。
2. 頭と膝の下。
3. 時計回り。
4. 部位から視線をそらし、タオルの上から施術し、自信を持って施術する。
5. 足が全身の動きと機能を統合する役割を持つこと。

第8章 (p.112)

1. 頭と上側の脚の下。肋骨と腰との間を広げるために、体幹の下に置く場合もある。
2. 腹臥位や背臥位の場合に比べて、側臥位のときの患者の腰は非常に高くなるため。
3. 側臥位では骨格から筋を離すことができるので、別の方法を用いて軟部組織に到達し

たいとき。
4. 患者の肢位を安定させ、腰と背中のアラインメントを維持するため。

第9章 (p.140)

1. 主観的評価は、患者の既往歴、トレーニングメニューに関する情報、基本的な活動を含む、患者の情報を得る段階である。客観的評価段階では、触診を用いた身体的評価と、姿勢、関節可動域、機能の検査を行う。
2. 内的要因は損傷に影響する内的状況である（過去の損傷）のに対し、外的要因は外部から及ぶ（環境）。
3. ■ 足首のやや前方
   ■ 膝の中心よりやや前方
   ■ 股関節の中心のすぐ後ろ
   ■ 肩関節の中心
   ■ 耳たぶ

第10章 (p.150)

1. イベント前のマッサージは、組織をタスクの遂行に備えるために行うのに対し、イベント後のマッサージは組織をイベント前の状態に回復するために行う。
2. ■ エフルラージュ
   ■ ペトリサージュ
   ■ 優しい圧迫法
   ■ ストレッチ
   ■ 全身マッサージ
   ■ 浅いストローク

第11章 (p.155)

1. 筋痙攣
2. ブレーキをかける。
3. 筋のアンバランス

5. 空いている手でベッドをつかみ、腕を90度屈曲するよう指示することができる。

4. ■ 患者が運動を行う。
5. ■ 難しいが現実的な目標を設定する。
   ■ 特定的、行動的で測定可能な目標を設定する。
   ■ 過程と結果の両方の目標を設定する。
   ■ 肯定的な用語を用いる。
   ■ 目標達成のための総合的なタイムテーブルを作成する。
   ■ 過程を監視し評価する。
   ■ 到達度に注目する。
   ■ 個人的な目標を立てる。

   ■ リンパドレナージュ
3. ■ 回復を促す。
   ■ アスリートを次のイベントに備えさせる
   ■ 局所的なマッサージを行う
4. 下痢
5. マッサージにどのように反応するか、副作用はあるか、身体系が耐えられるかどうかが分からないため、一般的には初めて行うことは適切ではない。

4. 両下肢と腰部。
5. 患者がつまずくような不要なものを床に置かず線は取り除く。

著　者：スーザン・フィンドレイ（Susan Findlay）
　　　　理学士、正看護師、Dip SRMT。「北ロンドン スクール・オブ・スポーツマッサージ」ディレクター。同施設で、スポーツおよびリミディアル・マッサージの療法士と講師を務める。バレエダンサー、体操選手、個人トレーナー、看護師としての経験から、人間の動き、身体活動、解剖学、生理学の応用的および臨床的理解を高める。「Institute of Sport and Remedial Massage」の共同創立者でもある。また、「General Council of Massage Therapy」のコミュニケーション責任者、「Sport Massage Association」の教育アドバイザーも兼務。余暇にはモーターバイキング、サイクリング、ヨーガを楽しむ。

監修者：市川　繁之（いちかわ しげゆき）
　　　　1983年東京衛生学園リハビリテーション科卒業後、理学療法士の国家資格取得。三愛会伊藤病院リハビリテーション部勤務。1986年森山脳神経外科病院勤務リハビリテーション部部長就任。1992年PNF研究所設立、取締役に就任（1998年退任）。1994年から1998年にかけて読売巨人軍コンディショニングアドバイザーを勤める。1999年ヒューマン・コンディショニングPNFセンター開設。（アジア、日本で初めての国際PNF協会認定インストラクターとなる）。2008年日本PNF協会会長よりNPO法人日本PNF協会理事長となる。監訳書に、『PNFコンセプト』（ガイアブックス）がある。

翻訳者：藤田　真樹子（ふじた まきこ）
　　　　大阪大学人間科学部人間科学科卒業。訳書に、『筋骨格系の触診マニュアル』『エビデンスに基づいた徒手療法』『治療効果をあげるための自動的・他動的ストレッチ』（いずれもガイアブックス）など。

SPORTS MASSAGE
スポーツマッサージ

発　　　行　2014年11月20日
発 行 者　平野　陽三
発 行 所　株式会社 ガイアブックス
　　　　　〒107-0052 東京都港区赤坂1-1-16 細川ビル
　　　　　TEL.03(3585)2214　FAX.03(3585)1090
　　　　　http://www.gaiajapan.co.jp

Copyright GAIABOOKS INC. JAPAN2014
ISBN978-4-88282-927-0 C3047

落丁本・乱丁本はお取り替えいたします。
本書を許可なく複製することは、かたくお断わりします。
Printed in China